2005

中国粮食发展报告

CHINA GRAIN DEVELOPMENT REPORT 2005

主　编　聂振邦
副主编　任正晓

经济管理出版社
ECONOMY & MANAGEMENT PUBLISHING HOUSE

图书在版编目（CIP）数据

2005中国粮食发展报告／聂振邦主编．—北京：经济管理出版社，2005

ISBN 7-80207-374-X

Ⅰ.2...　Ⅱ.聂...　Ⅲ.粮食—发展—报告—中国—2005　Ⅳ.F326.11

中国版本图书馆CIP数据核字(2005)第086608号

出版发行：经济管理出版社

北京市海淀区北蜂窝8号中雅大厦11层

电话：(010) 51915602　邮编：100038

印刷：精美彩色印刷有限公司　经销：新华书店

责任编辑：张　艳

技术编辑：晓　成

责任校对：超　凡

880mm × 1230mm/16　9.75印张　210千字

2005年8月第1版　2005年8月第1次印刷

印数：1-5000册　定价：150.00元

书号：ISBN 7-80207-374-X/F · 358

2005中国粮食发展报告
编辑委员会

目 录

目 录

目 录

2004年中国粮食发展概述

国家粮食局党组书记、局长　聂振邦

2004年是我国深化粮食流通体制改革取得突破性进展的一年。各地区、各有关部门认真贯彻党的十六大和十六届三中、四中全会精神，按照树立和落实科学发展观和构建和谐社会的要求，落实党中央、国务院确定的粮食流通体制改革原则、总体目标和基本思路，坚持市场化取向，以保护种粮农民利益为出发点，以确保国家粮食安全为落脚点，以推进国有粮食企业改革为重点，积极稳妥推进粮食流通体制改革，加强和改善粮食宏观调控，保护和提高粮食综合生产能力，依法加强粮食市场监管，搞好粮食基础设施建设，做了大量工作，取得明显成效，为保持国民经济平稳较快发展和粮食生产与流通的协调发展做出了积极贡献。

一、采取更直接、更有力的政策措施，调动农民种粮积极性，粮食生产出现重要转机

针对粮食供求偏紧的形势，党中央、国务院高度重视粮食生产，实施了一系列促进粮食生产恢复发展的政策措施，粮食产需关系出现重要转机。一是降低农业税税率、取消农业特产税。初步统计，2004年全国农业税减免总额约为234亿元，取消除烟叶以外农业特产税68亿元，两项合计农民减负约302亿元。二是对种粮农民实行直接补贴。2004年全国有29个省（区、市）共安排直接补贴资金116亿元，其中13个粮食主产省（区）安排103亿元。三是实施良种和农机具购置补贴。2004年国家对水稻、小麦、玉米、大豆等四大粮食作物安排良种补贴资金31.51亿元，落实4.8亿元农机购置补贴。四是对稻谷实行最低收购价格政策。国有粮食企业认真执行国家粮食购销政策，采取多种服务方式积极收购，较好地发挥了主渠道作用，稳定了粮食市场价格。由于政策好、粮价高、人努力、天帮忙，2004年粮食生产获得丰收，总产和单产增幅均创历史最高水平。全年粮食总产量为46947万吨，比上年增产3877万吨，增长9.0%；全国粮食平均单产4620.6公斤/公顷，比2003年提高288公斤，增长6.6%。

二、全面放开粮食购销市场，初步确立新的粮食流通体制基本框架，粮食流通体制改革取得突破性进展

为适应完善社会主义市场经济体制的需要，2004年国务院相继出台《关于进一步深化粮食流通体制改革的意见》和《粮食流通管理条例》，并召开了全国粮食流通体制改革工作会议，决定全面放开粮食购销市场，积极稳妥推进粮食流通体制改革。改革坚持市场化取向，坚持“有利于粮食生产、有利于种粮农民增收、有利于粮食市场稳定、有利于国家粮食安全”的基本原则，遵循“放开购销市场，直接补贴粮农，转换企业机制，维护市场秩序，加强宏观调控”的基本思路，初步确立了新的粮食流通体制的基本框架。各地区、各有关部门认真贯彻粮食流通体制改革总体方案和全国粮食流通体制改革工作会议精神，结合实际情况，周密制定改革方案，精心组织实施。目前，31个省（区、市）已经全面放开了粮食购销市场，实现了粮食购销市场化和市场主体多元化，初步形成了在国家宏观调控下市场形成粮食价格的机制，促进了粮食市场体系的发展。

三、加强中央储备粮管理，充实地方粮食储备，宏观调控能力进一步增强

根据《中央储备粮管理条例》的规定，国家粮食局和有关部门先后起草和公布实施了《中央储备粮代储资格认定办法》、《中央储备粮代储资格认定实施细则》。针对粮食供求出现的新变化，适当调控中央储备粮轮换计划数量和轮换节奏。积极探索中央储备粮购销、轮换通过粮食批发市场公开操作的新机制。按照国务院关于“产区保持3个月销量、销区保持6个月销量”的要求，进一步充实了地方储备粮规模。制定和完善粮食安全应急预案，以保证妥善处置突发事件，稳定粮食市场。在铁道、交通部门的大力支持下，增加东北地区粮食运力，保证了主销区市场粮食的供应。

四、着力解决国有粮食购销企业历史包袱，因地制宜推进企业重组转制，企业改革取得新进展

各地按照国务院的有关要求，采取省级财政补贴一部分、市县财政安排一部分、粮食企业自筹一部分的办法，积极筹措改革资金，妥善做好职工分流安置工作；有计划有步骤地消化现有库存中以往按保护价（含定购价）收购的粮食；在省级政府统一安排下，认真开展粮食财务挂账清理审计工作。各地结合实际，加快推进国有粮食企业改革步伐，在全面放开粮食购销市场的同时，注意培育和发挥国有粮食购销企业的主渠道作用，较好地实现了从“计划主渠道”向“市场主渠道”的转变，在维护粮食市场秩序和保证粮食安全方面发挥了重要作用。一是以县为单位组建国有独资或国有控股的粮油购销公司，负责全县国有粮食购销企业国有资产的运营，集中管理“老人、老粮、老账”，承担政府委托的政策性粮食业务。二是对中小企业采取股份制、拍卖、兼并等方式进行改造重组。三是发展粮食企业集团，发挥其作为宏观调控载体的作用。通过调整布局和重组转制，全国国有粮食购销企业总数已由1998年的30434个，调整为2004年底的20522个，使国有粮食购销企业的结构和布局更加趋于合理。

五、认真贯彻《粮食流通管理条例》，依法加强对粮食流通的监管，粮食法制建设迈出较大步伐

国家粮食局和各地粮食部门深入开展《粮食流通管理条例》的学习宣传、贯彻和培训。根据条例规定，国家粮食局与有关部门联合颁发了粮食收购资格审核、粮食流通监督检查和全社会粮食统计等适应粮食购销市场化和依法行政要求的配套规章制度，并及时组织开展学习培训工作，为保证粮食安全和做好宏观调控工作提供法律制度保障。同时，各地也相继出台了地方粮食收购资格管理办法，开展资格认证工作，积极培育和发展多元化的粮食市场主体，为搞活粮食流通和规范粮食市场秩序做了大量工作。

六、加强粮食行业指导，抓好粮食基础设施建设，粮食流通产业实现新发展

制定粮食行业发展规划，完成《粮食流通基础设施建设“十一五”规划》和《粮油加工业发展“十一五”规划》的编制工作，起草了《现代粮食物流10年规划》。加强对国有粮食企业改革的指导和协调，指导各地做好扭亏增盈工作。认真做好三批国债粮库建设项目收尾工作。开展粮食科技基础性研究，完成了国家粮食局粮食物流、粮油食品、质量检测等10个工程技术研究中心的评审、论证、立项批复。积极推进粮食行业科研机构管理体制改革，加强工程技术研究中心科技成果转化平台建设，构建粮食行业科技创新体系。

粮食流通体制改革已经迈出了非常关键的一步。同时，也要清醒地看到，粮食工作还面临一些新情况、新问题，粮食增产的基础还不很稳固，粮食主产区地方财政负担过重，种粮农民增收还要面对市场粮价变化的影响，促进粮食稳定增产和种粮农民持续增收的长效机制尚未建立；稳定粮食市场价格、保护种粮农民利益的制度和机制尚不健全，宏观调控机制和措施有待进一步改善；国有粮食购销企业改革在地区间进展还不平衡，一些地方配套措施不到位，企业的组织结构和运行机制还难以适应市场主渠道的需要；粮食行政管理部门的机构和人员配置与新形势下管理全社会粮食流通的工作职责还不相适应。针对面临的这些情况和问题，必须按照树立和落实科学发展观统领粮食工作的全局，进一步落实好《国务院关于2005年深化经济体制改革的意见》的总体部署、粮食流通体制改革方案和《粮食流通管理条例》，不断完善政策，健全制度机制，确保改革顺利推进，努力做好粮食流通工作。

第一部分

粮食生产

一、2004年粮食生产特点

2004年粮食生产出现重要转机，呈现以下六大特点：

(一) 粮食播种面积扭转了连续5年下滑的局面

粮食播种面积达到10161万公顷，比2003年增加220万公顷，增长2.2%。

(二) 粮食总产增量突破历史最高水平

全年粮食总产46947万吨，比2003年增加3877万吨，高于1990年增产3869.4万吨的历史最高水平（见图1-1）。

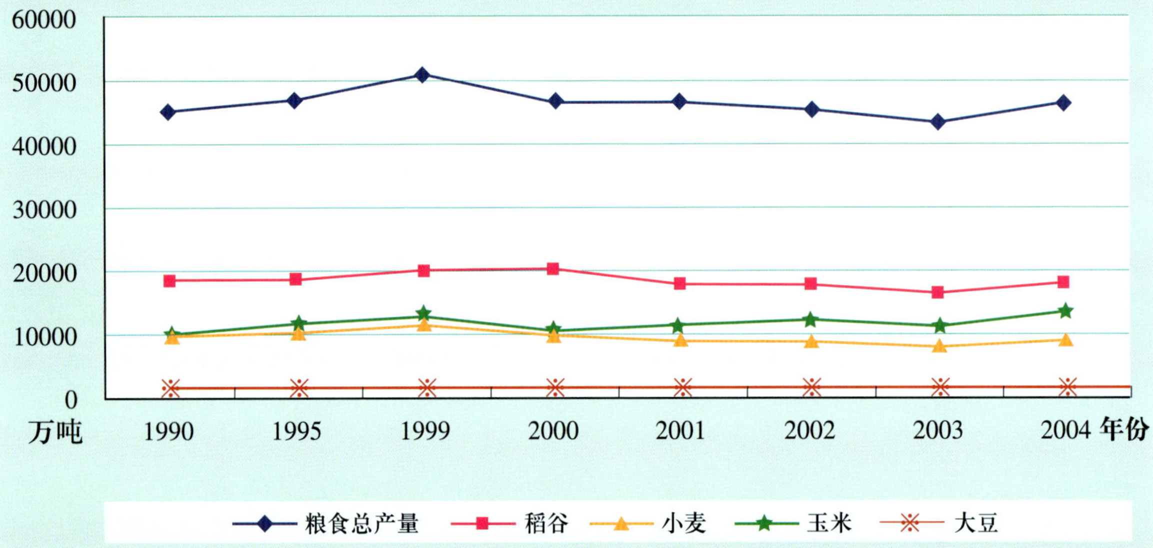

图1-1　1990~2004年粮食产量图

(三) 粮食单产创历史新高

全国粮食平均单产每公顷4620.6公斤，比2003年提高288公斤，增长6.6%，增幅是20世纪90年代以来最高的一年，每公顷产量比1998年的历史最高水平提高118公斤。单产水平的提高对粮食增产的贡献率达75.4%。

(四) 夏粮、早稻、秋粮季季增产

夏粮产量10104万吨，比2003年增加467万吨，增长4.8%；早稻产量3208万吨，增加260万吨，增长8.8%；秋粮产量33635万吨，增加3150万吨，增长10.3%（见图1-2）。

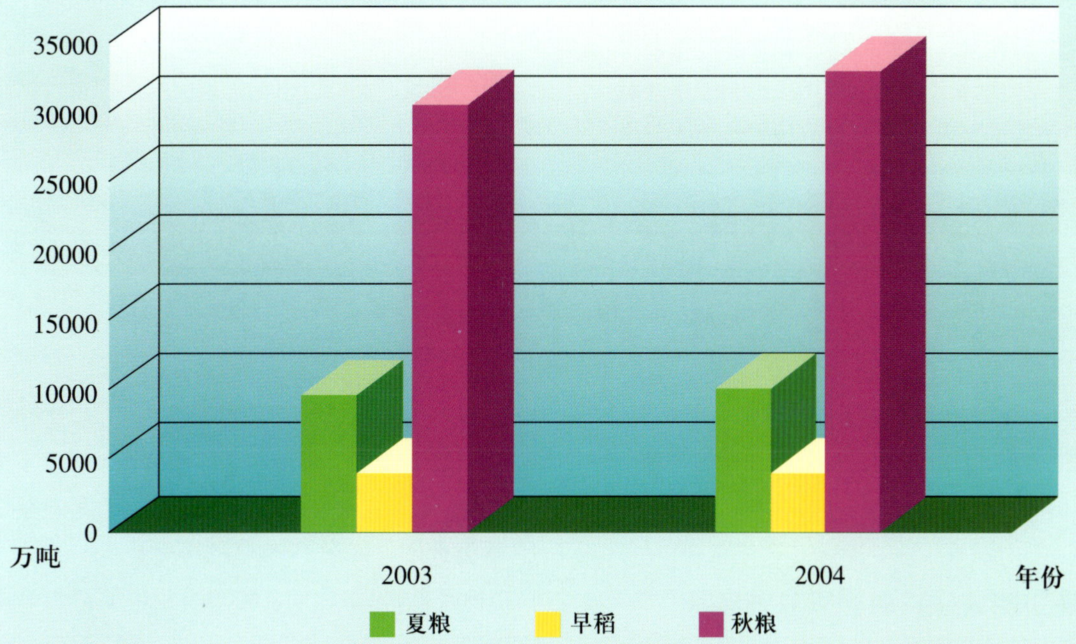

图 1-2　夏粮、早稻、秋粮增产图

(五) 四大粮食品种全部增产

稻谷产量 17500 万吨，比 2003 年增产 1435 万吨，增长 8.9%；玉米产量 13250 万吨，增产 1665 万吨，增长 14.4%；小麦产量 9100 万吨，增产 450 万吨，增长 5.2%；大豆产量 1790 万吨，增产 250 万吨，增长 16%（见图 1-3）。

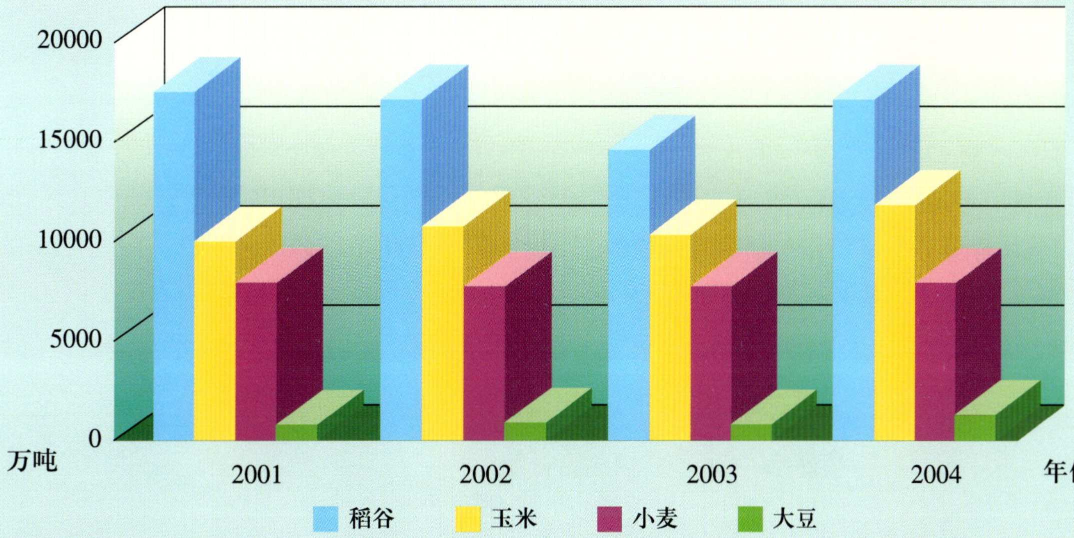

图 1-3　四大粮食品种增产图

(六)粮食主产区增产幅度大

在粮食总产量增长中，13个粮食主产区共增产3536万吨，增长11.6%，增产量占全国增产量的91%。尤其是2003年因灾导致粮食作物大幅度减产的江淮、黄淮产区增产幅度较大。江苏、安徽、湖北三省中稻平均每公顷比2003年增加975公斤；江苏、安徽、河南3省玉米平均每公顷增加900公斤。

二、2004年主要粮食作物生产情况

2004年主要粮食作物生产呈现粮食总产量、播种面积、单产同步增长，品质优化和种粮效益明显提高的新局面。

（一）主要粮食播种面积恢复性增加

水稻播种面积2820万公顷，比2003年约增加172万公顷；小麦播种面积2173万公顷，虽比2003年减少27万公顷，但遏制了连续7年大幅度下滑的局面；玉米播种面积2507万公顷，比2003年增加98万公顷，接近1999年的历史最高水平；大豆播种面积967万公顷，比2003年增加35万公顷（见表1-1）。

表1-1　2003年、2004年粮食分品种播种面积情况　单位：万公顷，%

品种＼年份	2003年	2004年		
	播种面积	播种面积	比上年增加	增幅
稻谷	2648	2820	172	6.5
玉米	2409	2507	98	4.1
小麦	2200	2173	-27	-1.2
大豆	932	967	35	3.8

（二）品质结构进一步改善

优质稻面积1740万公顷，占水稻面积的61.6%，比2003年增加293万公顷，同比增加7个百分点。优质专用小麦953万公顷，占小麦面积的43.9%，增加127万多公顷，增加5.9个百分点。专用玉米7800万公顷，占玉米面积的31%，增加1000多万公顷，增加3个百分点。优质专用大豆481万公顷，占大豆面积的49.7%，增加34万公顷，增加1.8个百分点（见表1-2）。

表1-2　2004年主要粮食优质品种种植面积　单位：万公顷，%

品种＼项目	优质稻种植面积	占全部水稻种植面积的百分比	比上年增加	同比增幅
稻谷	1740	61.6	293	7
小麦	953	43.9	127	5.9
玉米	7800	31	1000	3
大豆	481	49.7	34	1.8

（三）主要粮食品种优势区域进一步形成

水稻优势区域面积占全国面积的86.1%，集中度增加1.2个百分点，其中长江流域和东北产区比上年分别提高2.1个和1个百分点。河北、山东、河南小麦面积占全国的46%，强筋麦集中度提高3.3个百分点。东北玉米优势区域占全国面积的33.3%，集中度提高1.3个百分点。

（四）品种结构进一步优化

水稻（特别是粳稻）发展加快，占粮食面积和产量的27.6%和38.2%，均提高1个百分点；超级稻面积占水稻总面积的11%，达到320万公顷，比2003年增长20%。青贮玉米面积150万公顷，比2003年增长37%。

（五）产业化发展进一步加快

主要粮食品种订单面积1733万公顷，增加355万公顷。2004年举办的郑州小麦交易会、长春玉米交易会等农产品推介活动，签订农产品购销协议847.8万吨，成交额98亿元。

（六）粮食种植效益明显提高

2004年种粮净收益每亩比2003年提高近100元，农民来自种粮收入人均增加170元左右，特别是粮食主产区农民收入的增长幅度高于全国平均水平2个百分点以上。

三、2004年粮食增产原因分析

2004年粮食生产出现重要转机，是“政策好、粮价高、人努力、天帮忙”等多方面因素共同作用的结果。

（一）党中央、国务院高度重视粮食生产，连续出台了一系列促进粮食生产恢复发展的政策措施

1.降低农业税税率，取消农业特产税

农业税税率总体降低1个百分点，同时取消除烟叶以外的农业特产税。吉林、黑龙江两省实行农业税全免试点，自行免征的有北京、天津、上海、浙江和福建5省（市），西藏一直未征；河北、内蒙古、辽宁、江苏、安徽、江西、山东、河南、湖北、湖南、四川等11个粮食主产省（区）和广东省农业税税率普遍降低3个百分点，其余省（区、市）降低1个百分点，还有其他省份的部分县市也实行了免征。2004年全国农业税减免总额约为230多亿元。

2.建立种粮农民直接补贴制度

2004年全国从粮食风险基金中共安排粮食直补资金116亿元，惠及29个省（区、市）的6亿多农民，有力地调动了农民种粮积极性。

3.实施良种和农机具购置补贴

2004年国家增加了良种补贴资金规模，扩大了补贴范围。对水稻、小麦、玉米、大豆等四大粮食作物安排良种补贴资金31.51亿元，其中中央补贴28.5亿元，占90.4%，省级补贴2.5亿元，省级以下补贴0.51亿元（见图1-4）。同时，对农民个人、农场职工、农机专业户和直接从事农业生产的农机服务组织购置和更新大型农机具给予一定补贴，共落实补贴资金4.8亿元。其中，中央、地方补贴金额分别为7000万元和4.1亿元。

图 1-4　2004 年四大粮食作物良种补贴资金来源图

（二）各级政府加大工作力度，狠抓各项政策措施的落实

1.努力扩大粮食播种面积

采取科学间作、套种，扩大复种，优化耕作模式，提高粮食复种指数，提高土地产出率等措施，促进主产区、主要粮食作物播种面积的恢复。

2.优化粮食生产布局

加快推进四大粮食作物优势区域规划实施，促进粮食作物向优势产区集中。

3.实施优质粮食产业工程

2004 年选择了一部分有基础、有潜力的粮食大县和国有农场，通过良种繁育和标准粮田、农机装备、病虫害防控等综合能力建设，集中创建一批国家优质粮食产业基地县。

4.建立健全粮食作物良种繁育体系

启动了新型种业体系建设规划，加大粮食作物良种繁育能力建设力度。

5.推广高产、优质、高效栽培技术

围绕实现 2004 年粮食生产目标，重点推广 10 大增产技术措施。

6.落实粮食生产的扶持政策

深入基层和农户宣讲政策，督促减免税和各项补贴政策落实，组织实施四大粮食作物良种补贴。

（三）市场粮价上涨，农民种粮效益提高

2004 年粮食价格的合理回升和趋稳运行，提高了种粮效益，有力地拉动了农民收入的增长，有效地调动了农民的种粮积极性。

（四）有利的气候条件

2004 年是历史上少有的风调雨顺年，降雨充沛、时空分布合理，受灾、成灾率明显比 2003 年和常年低，尤其是没有发生大范围、流域性的干旱和洪涝灾害。

2004 年因各种自然灾害损失粮食 3050 万吨，比 2003 年减少 2350 万吨，比常年减少近 2000 万吨。全国因旱灾损失粮食仅 1535 万吨，比 2003 年减少 915 万吨；因洪涝灾害损失粮食只有 750 万吨，比 2003 年减少 1350 万吨。

四、主要粮食品种生产成本与比较效益

（一）2004年粮食生产成本收益变化情况

2004年，化肥、农用柴油等价格上涨，增加了粮食生产成本。稻谷、小麦、玉米三种粮食平均每亩化肥费71.2元，比2003年增加13.3元，增幅23.0%；每亩机械作业费31.4元，比2003年增加7.3元，增幅30.2%。种子、农药费支出也有所增加。三种粮食平均现金成本217.4元，比2003年增加17.6元，增幅8.8%；其中稻谷、小麦、玉米每亩现金成本分别为254元、206元和192元，升幅分别为14.1%、5.4%和5.8%。各地实行粮食直补、良种补贴和购置农机具补贴政策，种粮农民平均每亩得到补贴性收入8.4元，比2003年增加7.7元。如果将补贴收入冲抵成本，种粮农民每亩实际支出仅比2003年增加10元。国家出台了农业税减免政策，全国平均每亩粮食税金由2003年的23.7元下降到13.7元，减少10元，减幅达42.2%。农业税的大幅度减少有效缓解了农资价格上涨对粮食生产成本的影响。

2004年粮食生产成本虽有所上升，但由于单产大幅度提高，每50公斤粮食现金成本反而由2003年的27.5元下降为26元，降幅5.5%。其中小麦单产增幅最大，现金成本下降也最多，由2003年的35.7元下降为29.3元，降幅17.9%；玉米由2003年的23.3元下降为21.9元，降幅6.0%；只有稻谷现金成本略升，由2003年的26元上升到27.4元，升幅5.4%。

粮价显著提高。由于粮食市场供求关系的变化，粮食市场价格从2003年第四季度开始出现较大幅度上涨，2004年一直保持在较高价位。农户实际出售三种粮食平均价格为每50公斤70.7元，比2003年上升14.2元，升幅25.1%。其中稻谷79.8元、小麦74.6元、玉米58.1元，分别上升32.8%、32.1%和10.1%。稻谷各品种中，早、中、晚籼稻和粳稻价格分别为76.1元、75.3元、81.9元和85.4元，分别上升47.6%、35.7%、28.6%和25.2%。

收益大幅增加。2004年农民种粮收益创历史新高。三种粮食平均每亩现金收益374元，比历史上收益最高的1995年还高出7元，比2003年增加162.5元，增幅达76.8%。其中稻谷每亩现金收益483.7元，小麦319.7元，玉米318.5元，分别比2003年增加192.4元、205.8元和89.7元，增幅分别为66.1%、180.7%和39.2%（见图1-5）。

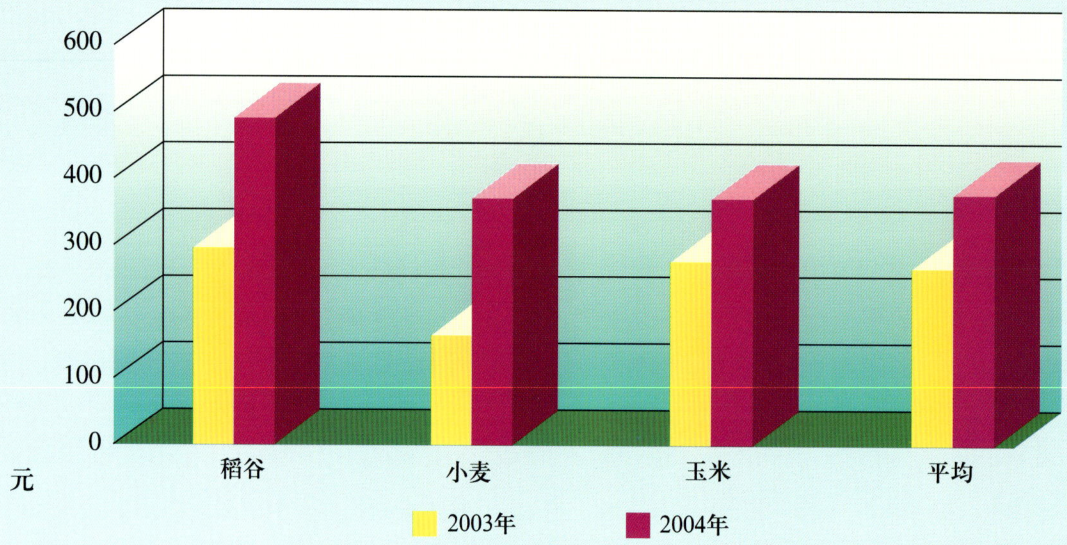

图 1-5 主要粮食作物每亩现金收益图

（二）2004 年主要粮食品种之间成本收益比较

从每亩成本收益水平看，在各粮食品种中，2004年玉米由于价格涨幅最小，虽然成本最低，但收益同样最低；小麦虽然价格涨幅较高，但因成本高于玉米，收益处于较低水平；稻谷各品种的成本和收益都高于小麦和玉米，其中又以粳稻的成本和收益水平为最高。2004年每亩现金成本由低到高排列依次为：玉米（192元）、小麦（206元）、早籼稻（226.5元）、中籼稻（228.3元）、晚籼稻（243.1元）、粳稻（318.2元）；每亩现金收益由低到高排列依次为：玉米（318.5元）、小麦（319.7元）、早籼稻（391.4元）、晚籼稻（427.2元）、中籼稻（544.1元）、粳稻（572.3元）。

从每50公斤成本看，2004年小麦由于单产提高幅度最大，每50公斤成本水平低于粳稻和晚籼稻，多年来首次没有处于各粮食品种最高水平，玉米和中籼稻每50公斤现金成本最低。各粮食品种成本由低到高排列依次为：玉米(21.8元)、中籼稻(22.2元)、早籼稻（28.1元）、小麦（29.2元）、晚籼稻（29.7元）、粳稻（30.5元）。

（三）2004 年粮食与主要经济作物的成本收益比较

成本比较。2004年粮食与油料（花生和油菜籽两种油料平均，下同）、棉花、烤烟等大田作物的成本比与2003年相比有所变化。每亩现金成本之比以粮食为1，油粮成本比为0.8:1，与2003年相当；棉粮成本比为1.6:1，烟粮成本比为2.2:1，都高于2003年的1.5:1和2.1:1。

价格比较。2004年，每50公斤平均出售价格油料为160.2元，比2003年提高9.9%；棉花为545.4元，比2003年降低27.0%；烤烟为477.6元，比2003年提高18.4%。由于价格变化方向和幅度不一，不同农产品之间的比价关系发生了较大变化。以粮食价格为1，油粮价格比由2003年的2.6:1回落到2.3:1，烟粮价格比由2003年的7.1:1下降为6.8:1，棉粮价格比则由2003年的13.3:1下跌到7.7:1，接近历史最低水平。

收益比较。2004年粮食比较收益明显提高。由于粮食价格大幅度上涨，棉花价格大幅度下跌，棉粮收益比（每亩现金收益之比，以粮食为1）由2003

年的3.9:1下降到1.6:1，创10年来最低水平。从收益的绝对水平看，2004年北方地区一季小麦和一季玉米现金收益合计为每亩638元，已高于棉花每亩615.5元的水平；南方地区一季早籼稻和一季晚籼稻收益合计为每亩818.5元，更是比棉花每亩多增收203元。油粮收益比也由2003年的1.3:1下降到1.1:1，烟粮收益比由2003年的3:1下降到2:1（见表1-3）。

表1-3 2004年粮食与经济作物成本收益比较表

单位：元

品种	每亩现金成本		每亩现金收益		每50公斤现金成本		每50公斤平均出售价格	
	2003年	2004年	2003年	2004年	2003年	2004年	2003年	2004年
粮食平均	199.8	217.4	211.5	374.0	27.5	26.0	56.5	70.7
稻谷	222.7	254.1	291.3	483.7	26.0	27.5	60.1	79.8
早籼稻	195.6	226.5	205.1	391.4	25.2	27.9	51.6	76.1
中籼稻	211.2	228.3	282.6	544.1	23.7	22.2	55.5	75.3
晚籼稻	202.9	243.1	299.4	427.2	25.7	29.7	63.7	81.9
粳稻	282.2	318.2	376.9	572.3	29.2	30.5	68.2	85.4
小麦	195.5	206.0	113.9	319.7	35.7	29.2	56.4	74.6
玉米	181.6	192.0	228.9	318.5	23.3	21.8	52.7	58.1
油料	155.5	176.2	269.4	396.1	53.3	49.3	145.8	160.2
棉花	306.7	350.8	832.0	615.5	201.2	198.0	746.9	545.4
烤烟	440.3	484.9	586.3	773.9	173.0	184.0	403.3	477.6

五、2005年粮食生产形势展望

（一）影响粮食生产因素分析

2005年有可能继续实现粮食增产。一是因为2004年粮食增产是恢复性增长，具有持续性。如果2005年是一个正常年景，总产将会继续增加。二是从潜力看，主要粮食作物仍有进一步增产的空间。尽管2004年粮食单产创历史最高水平，但水稻与最高单产水平仍有差距。小麦恢复增加面积，也有一定的空间。三是从政策看，2005年国家支持粮食增产和农民增收的政策不会变。农业税将进一步减免，在良种补贴、农机具购置补贴及农业基础设施建设等方面还会加大投入的力度。四是从需求看，国内粮食供求仍将维持在紧平衡的状态，水稻、小麦和大豆仍有一定缺口，对保持一个适当的价格水平是有利的。五是从基础条件看，2004年秋冬种生产基础条件是近年来比较好的，冬小麦田间长势较好。2005年“两杂”种子供应量比较充裕，水稻主产区蓄水条件比2004年好，为春耕播种和抗旱奠定了一定的基础。

当然，完成2005年粮食生产的任务也十分艰巨，需要克服诸多不利因素。一是从科技上看，短期内难有突破性重大成果的应用，也缺乏新的、全局性增产增收的良种良法。农业科技服务能力在短时间内还难以适应生产发展的需要。二是从重视程度上看，在粮食丰产、农民增收以后，容易出现盲目乐观、忽视农业的倾向。三是从气候、粮价上看，还存在着大量不确定性因素，粮价下行的压力较大。四是从抗灾能力上看，农业生产基础设施支撑能力薄弱，难以有效抵御大的灾害影响。

（二）发展粮食生产主要措施

2005年粮食生产的基本目标是：稳定增加粮食播种面积，主攻单产，优化品种、品质结构，努力实现粮食产量稳定增加、种粮效益明显提高。

1.进一步保护和提高粮食综合生产能力

认真贯彻落实《国务院关于深化改革严格土地管理的决定》，巩固和扩大全国基本农田大检查的成果，把严格耕地保护的各项制度和措施落到实处。推进实施新一轮“沃土工程”，继续推进农业“七大体系”建设。

2.突出抓好四大粮食作物生产

水稻以发展优质稻为重点，扩大杂交稻和超级稻种植，长江中下游和华南适宜区应继续恢复“双季稻”生产，东北地区在保护生态环境的前提下，水源条件好的地方可增加优质粳稻生产。小麦以挖掘区域潜力为重点，继续发挥黄淮海和西南地区增产优势，大力发展优质专用小麦生产。玉米要优化品质，加快发展青贮玉米。大豆要推广优良品种，提高单产和质量。

3.加强良种补贴和农机具购置补贴政策的落实

加大这两项补贴的实施力度，重点在提高科技含量、完善补贴工作机制和强化监管措施上下工夫。

4.大力推进粮食产业升级

深化调整粮食种植结构，继续推进粮食优势区域布局规划的实施，扎实搞好优质粮食产业工程建设，提高粮食生产的区域化、规模化、标准化和产业化水平，努力降低粮食生产成本，增加粮食附加值，增强粮食产业竞争力。

5.组织实施科技入户工程

充分调动农业推广、科研、教学单位以及合作经济组织和龙头企业的技术力量，进村入户，“面对面”、“手把手”传授技术。认真做好技术指导单位、技术指导员的选聘，以及科技示范户的技术指导工作，认真实施农业科技入户示范工程，提高科技示范户的综合素质和发展能力。

6.着力推进“四个一千”技术示范推广行动

即推进1000万亩超级稻标准化生产示范，带动6000万亩超级稻生产水平的提高；推进1000万农户耕地的免费测土配方施肥，以此带动配方施肥技术快速推广；推进1000万亩高毒农药替代和统一灭鼠技术示范，保护生产、生态安全，减少粮食损失；推进1000万亩节水技术示范，提高抗旱播种保苗质量，节本增效。

7.强化主体培训工作

围绕主导品种和主推技术，大力开展主体培训。根据优势农产品区域布局规划，加强新品种、新技术和标准化生产技术培训。依托绿色证书工程、青年农民科技培训工程、农村优秀人才创业培植工程，开展科技示范户培训。

8.树立抗灾夺丰收意识

及早制定和完善各项防灾减灾预案，重视分析灾害形势，搞好监测、预测和预报，提前做好抗灾物资、资金和技术准备。有条件的地方可以开展农业救灾保险试点工作。特别要加强抗灾救灾种子储备体系建设和重大病虫害监测和防治工作，积极推行重大病虫害发生的电视预报制度。

9.加强信息引导和组织领导

加大农情调度的工作力度，搞好信息收集、整理和发布，加大对粮食订单生产和粮食现货、期货等市场信息的收集，搞好粮食产销、供求及价格走势分析。

第二部分

粮食流通

一、2004年粮食流通概况

（一）粮食商品率有所提高

2004年商品粮数量进一步增加，粮食商品率也有所提高。2004年全国粮食商品量约19450万吨，商品率为41%，比2003年提高2个百分点。其中粮食主产区商品率提高较多，内蒙古、吉林、黑龙江、山东、江苏、安徽等省的商品量比2003年增加200万吨以上。分品种看，小麦、稻谷和玉米商品率分别为37%、36%、51%，与2003年相比，小麦下降5个百分点，玉米增加7个百分点，稻谷持平（见图2-1）。

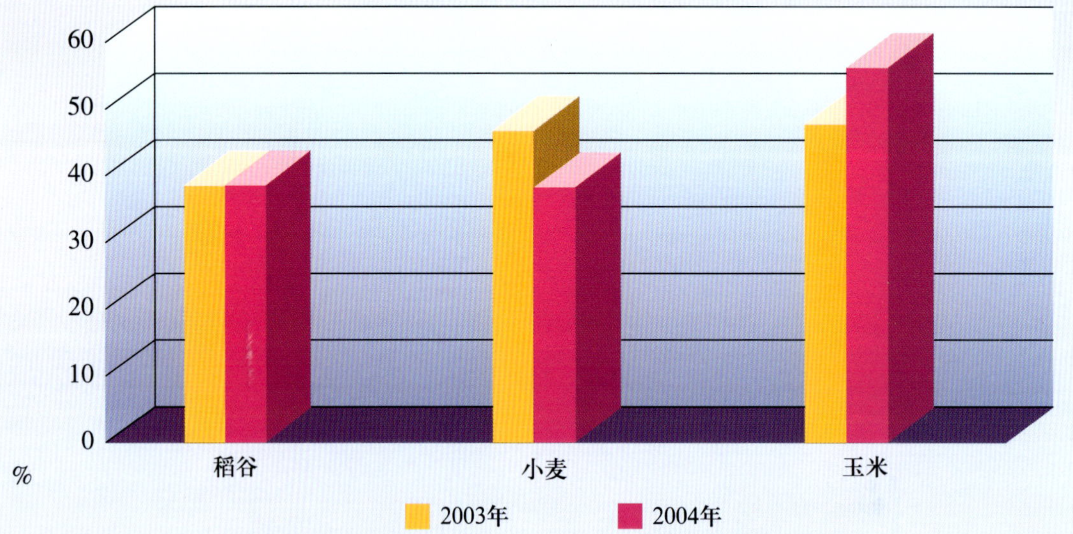

图2-1　2003年、2004年主要粮食商品率

（二）粮食跨省流通量继续扩大

2004年，省际间粮食购销量在1.1亿吨左右，与2003年相比增幅超过10%。分地区看，供需存在缺口的省份与2003年基本相同，其中广东、浙江和福建三省粮食的省外净购进数量仍然较大，合计比2003年增加约700万吨；黑龙江、吉林和河南三省粮食的省外净销售数量较大，合计比2003年增加800万吨。分品种看，省际间购销量小麦约2400万吨，比2003年减少100万吨；稻谷约3800万吨，比2003年增加500万吨；玉米约3000万吨，大豆约1300万吨，其他粮食约500多万吨。

（三）国有粮食企业收购减少，销售仍处于较高水平

1.粮食收购减少

2004年度（日历年度，下同）国有粮食企业共收购粮食（贸易粮）8919万吨，同比减少799万吨，减幅为8.2%；比历史最高的1999年收购量减少3888万吨，减幅为30.4%，是近20年来收购量最少的一年。分品种看，收购小麦3448万吨、大米2138万吨、玉米3158万吨，与2003年相比大米增加28万吨，小麦、玉米分别减少229万吨和547万吨。分地区看，收购量与2003年相比增加较

多的有安徽、湖北、江苏和湖南4省。收购量比2003年减少较多的有河北、辽宁、吉林、黑龙江、河南和陕西6省，均为当年放开粮食收购市场的主产区（见图2-2）。

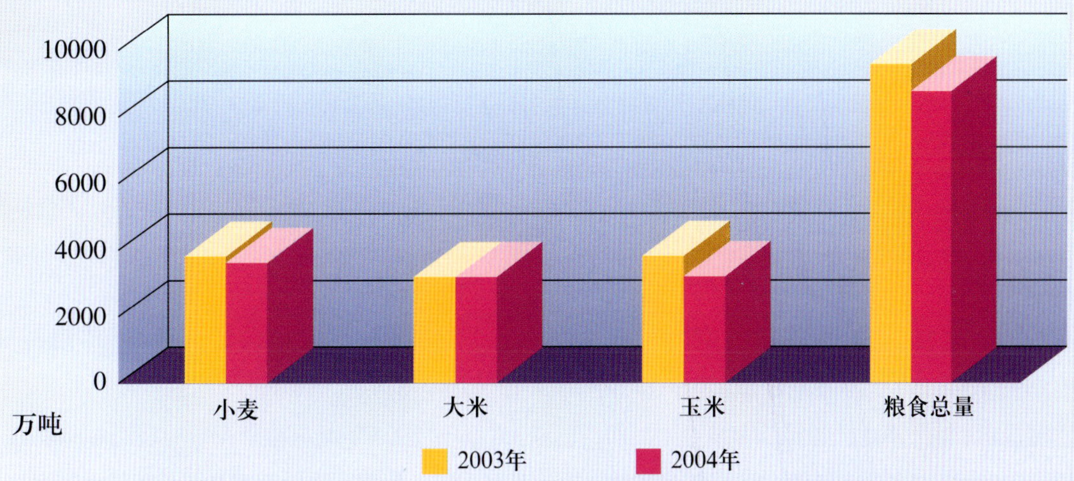

图2-2　2003年、2004年国有粮食企业收购粮食情况图

2004年粮食增产较多而国有粮食企业收购减少的主要原因：一是农民预期价格上涨不急于售粮。二是2004年是全面放开粮食收购市场的第一年，多渠道市场主体收购增加，分流了一部分粮源。三是部分省份正处于国有粮食企业改制之中，也影响了粮食收购。四是部分正在改制的企业收购资金贷款比较困难，也在一定程度上影响了收购。但从总体来看，国有粮食企业收购总量占商品量的50%左右，仍然发挥着主渠道作用。

2. 粮食销售减少，但仍处较高水平

2004年国有粮食企业累计销售粮食11944万吨，比2003年减少1384万吨，减幅为10.4%。分品种看，销售小麦4641万吨、大米3246万吨、玉米3575万吨、大豆309万吨，销售量均有不同程度减少。分地区看，销售量与2003年相比减少在100万吨以上的有河北、内蒙古、安徽、江西和重庆5省（区、市）；销售量增加较多的是吉林和河南两省，分别增加480万吨、219万吨。尽管2004年国有粮食企业粮食销售较2003年有所减少，但从历史上看，仍处于较高水平。在2004年初粮价出现大幅度上涨的情况下，为稳定粮食价格，保证市场供应，国家有关部门采取了加强调运、督促主产区加快库存粮食销售等措施，吉林和河南等粮食主产省积极促销“老粮”，粮食销售数量较大。

（四）社会粮食库存总量减少，库存品种和地区分布有所改善

1. 国有粮食企业库存继续下降，降至10年来的最低水平

主要原因：一是当年产需仍存在较大缺口，需要挖库存弥补；二是受农民惜售等因素影响，粮食收购减少；三是部分出口粮食是从国家粮食库存中供货；四是地方加快处理库存老粮；五是部分原国有粮食企业已经转制，其收购的新粮不再计入国家粮食库存。

2. 非国有粮食企业和加工、转化用粮企业粮食库存有所增加

粮食购销市场化后，非国有粮食企业无论是企业数量，还是总体经营规模都有较大幅度的增加；另一方面，由于前期粮食行情看涨，很多企

业加大收购力度，后期由于粮价回落，企业等待行情上涨后再销售。

3.农户存粮增加，城镇居民存粮基本稳定

虽然2004年粮食增产，但粮食企业收购数量不增反减，主要原因：当年新产粮源还有一部分仍在农民手中，城镇居民存粮情况没有大的变化。

二、2005年粮食流通形势分析预测

（一）2005年粮食产需仍存在一定缺口

从生产情况看，2005年各地区粮食生产呈现良好的发展局面。如果不出现重大自然灾害，粮食产量将比上年略增。从消费情况看，近几年我国粮食消费量一直保持平稳增长的态势，预计2005年粮食产需仍存在一定的缺口。分品种看，除玉米产大于需外，小麦、稻谷、大豆产需之间均存在一定缺口，需动用国家库存弥补。

（二）粮食跨省流通量仍将呈增长趋势

目前，我国粮食物流体系逐步得到改善，制约粮食流通的“瓶颈”得到有效缓解，全国粮食流通的三大通道基本形成，粮食跨省流通能力进一步增强。预计2005年粮食跨省流通量仍将有一定幅度的增加。

（三）国有粮食企业收购和销售将呈下降趋势

预计2005年国有粮食企业收购和销售将进一步减少。一是实行购销市场化后，多元收购主体分流了一部分粮源；二是随着国有粮食企业改革步伐的加快，多数中、小国有粮食企业已完成改制，成为民营企业等非国有市场主体；三是目前部分国有粮食企业改制尚未完成，也影响了粮食收购。但从总体来看，国有粮食企业仍将是市场收购主体，继续发挥主渠道作用。由于收购量继续减少，国有粮食企业销售粮食的数量也会相应减少。

（四）粮食库存量将与2004年基本持平或略减，库存品种结构和地区分布更趋优化合理

粮食库存量接近于2004年。粮食主销区库存区域布局更趋合理，大米等主要口粮品种库存将得到充实。

三、粮食进出口贸易

（一）粮食进口

2004年我国粮食（含大豆）进口3007万吨，比2003年增加725吨。其中：谷物进口984万吨，包括小麦723万吨、大麦171万吨、大米76万吨，大豆进口2023万吨。

2004年我国粮食进口关税配额2215.6万吨，其

中小麦963.9万吨、玉米720万吨、大米532万吨。小麦、大米实际进口数量分别占关税配额准入数量的75.0%和14.3%。玉米基本没有进口。

国内市场对进口大豆需求仍然较旺。2004年国际市场大豆价格波动较大，第二季度我国大豆进口曾有所放缓。但全年大豆进口仍达2023万吨，是历史上第二个超过2000万吨的年份。

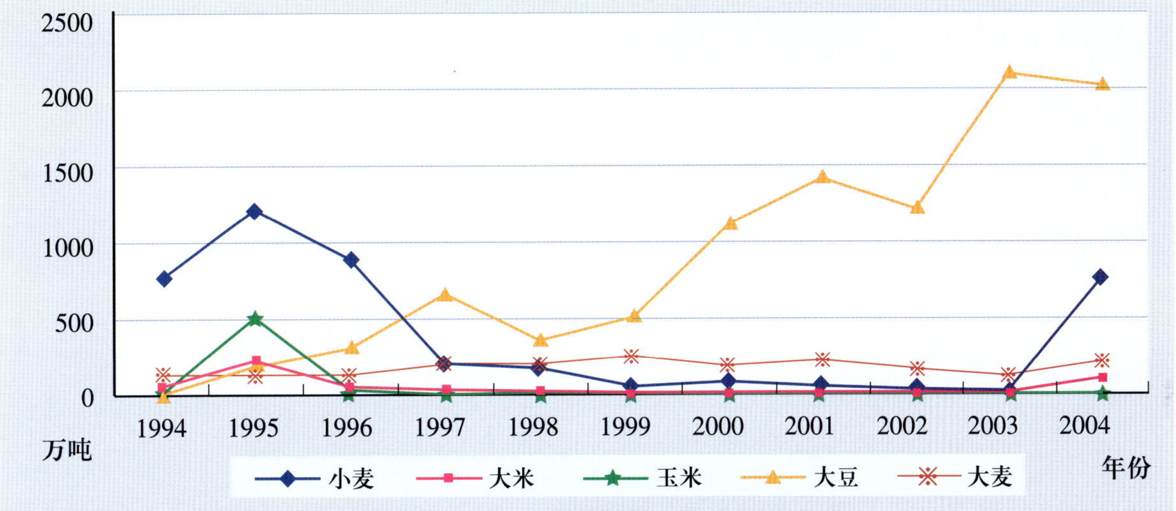

图2-3 近10年粮食主要品种进口情况

（二）粮食出口

2004年，因国际市场价格下跌，出口困难，全年粮食出口数量比2003年减少较多。2004年我国粮食（含大豆）出口586万吨，比2003年减少1715万吨。其中谷物出口553万吨，包括玉米232万吨、饲料小麦78万吨、大米90万吨；大豆33万吨。

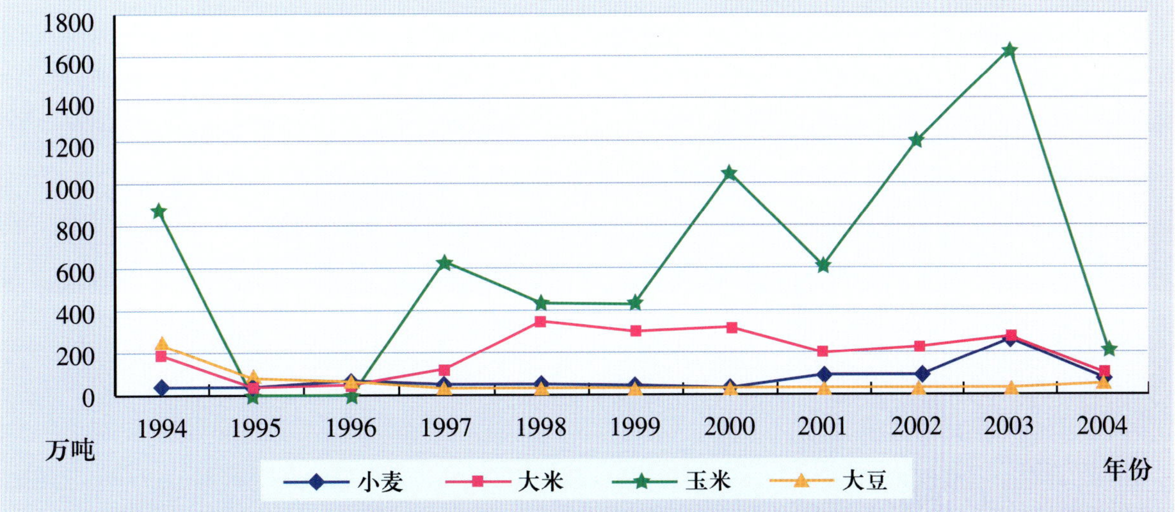

图2-4 近10年粮食主要品种出口情况

（三）2004年粮食净进口较多

2004年，根据粮食供求形势的变化，国家采取鼓励粮食进口，适当控制粮食出口的政策，全年进口大于出口2421万吨，是近20多年来粮食净进口最多的一年（见表2-1）。

表2-1　近几年粮食进出口情况表

单位：万吨

	1995年	1999年	2000年	2001年	2002年	2003年	2004年
进口总量	2226	828	1408	1743	1417	2293	3007
出口总量	214.0	839	1456	973	1596	2437	586
净进口	2012			770			
净出口		11	48		179	144	2421

专栏1　粮食价格与居民消费价格的变动关系

粮食价格变动对居民消费价格变动影响较大，所谓“一粮带百价”。这是由我国特有的消费结构所决定的。随着改革开放的不断深入和人民生活水平的逐步提高，我国城乡居民家庭恩格尔系数虽在逐渐缩小，但截至2004年，我国城镇居民家庭恩格尔系数和农村居民家庭恩格尔系数仍分别高达37.7%和47.2%。由于食品消费在我国居民消费中的比重依然偏大，粮食及其相关产品在居民消费价格指数统计中的权重较大，所以，目前粮食价格变动依然对居民消费价格变动产生着较大的影响。

粮食价格变动对居民消费价格变动的影响分为直接影响和间接影响。所谓直接影响是指小麦、稻谷、玉米等粮食及其制品价格变动对居民消费价格变动的影响，这种直接影响不是很大。影响较大的是间接影响，粮食价格变动对居民消费价格总水平的间接影响主要指粮食价格变动后，粮食加工产品、肉蛋菜果糖等副食品以及饮食服务、工业消费品等价格也随之变动。

从历史经验数据看，粮食价格升降10%，通过直接影响和间接影响，会促使居民消费价格总水平升降1～2个百分点左右。

2003年以来的粮食价格上涨是引发居民消费价格总水平上涨的主要原因。2003年粮食价格上涨促使居民消费价格总水平由负转正，当年粮食零售价格上涨2.3%(主要集中在第4季度)，促使当年居民消费价格总水平上升1.2%；2004年粮食价格上涨26.4%，促使当年居民消费价格总水平上升3.9%。2004年4月份以后，粮食价格变动逐步趋稳，并促使居民消费价格总水平变动也逐步趋稳。

第三部分

粮食供求形势

一、2004年粮食供求形势与2005年展望

2004年，我国粮食生产恢复较快，消费平稳增长，粮食供求继续偏紧，粮价基本稳定。

（一）2004年粮食供求形势

从总量平衡看，产消缺口缩小。2004年全国粮食产量为46947万吨，消费量为49090万吨，产消缺口在2000万吨以上。其中稻谷、小麦和大豆产消存在缺口，玉米则产大于消。为弥补产消缺口，在宏观调控方面采取了如下措施：一是利用现有粮食库存，特别是大米库存资源；二是适度增加粮食进口，减少出口。

从区域平衡看，粮食供求不平衡的矛盾总体上趋于缓解。一是当年大部分地区粮食产量较2003年都有所增加；二是库存布局趋于合理，体现在主产区库存继续下降，主销区地方储备粮充实较多，中央储备粮区域布局得到优化；三是粮食产销区购销协作关系得到进一步巩固，粮食流通更加有序。

从粮食价格看，在经历2003年10月份和2004年2月、3月份短期大幅波动之后，粮食价格趋于平稳，其中稻谷价格一直保持在国家制定的最低收购价水平之上。

（二）2005年粮食供求形势展望

2005年，国家进一步加大对粮食生产的支持力度，农民种粮积极性进一步提高，粮食增产希望较大，但增幅可能低于2004年。粮食消费继续平稳增长，产需可能仍有一定缺口，其中稻谷和大豆的缺口较大，预计国家粮食库存将继续下降。由于库存仍较充裕，能够实现全年粮食供需的基本平衡。粮食价格将总体保持稳定，其中大米价格存在一定的上涨空间。

二、主要粮食品种供求形势

（一）小麦供求与价格

1.2004年小麦供给和需求情况

（1）产量增长，进口增加，供给能力提高。2004年我国小麦产量获得恢复性增长，产量为9100万吨，比2003年增产450万吨，增长5.2%。2004年我国小麦进口723万吨，比2003年增加681万吨。产量增长，进口增加，小麦供需缺口缩小。

（2）需求下降，产消缺口缩小。2004年我国小麦

消费总量为10230万吨，比2003年略减，产消缺口为1100万吨左右。制粉用小麦的消费量呈平稳略降态势，需求总量约为8850万吨。但是面粉加工量在华北地区省份趋降，华东和华南地区省份增长。

由于国内价格上涨导致出口减少。2004年我国小麦仅出口78万吨，较2003年的225万吨减少147万吨（见图3-1）。

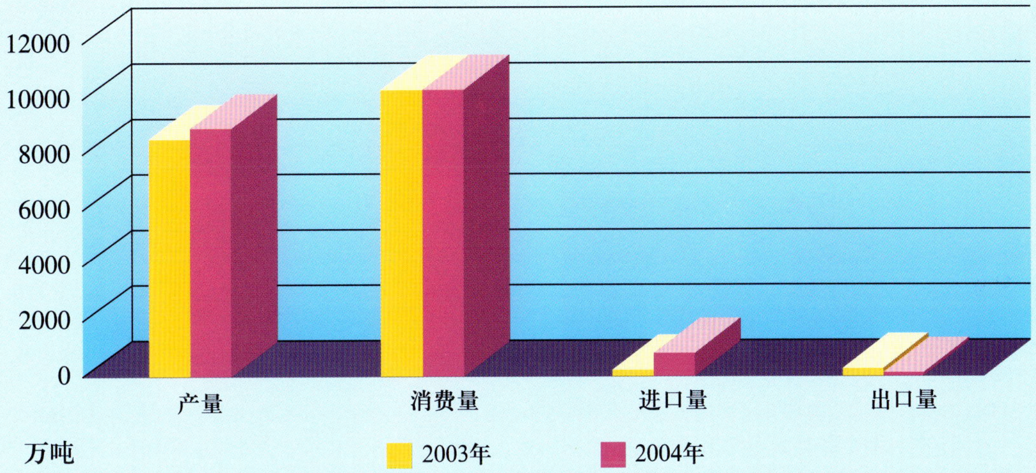

图3-1 2003年、2004年小麦供求状况

2.小麦市场价格走势及成因

2004年我国小麦市场价格经历了从第一季度大幅上涨到第二季度回落，第三季度再次回升而第四季度高位小幅震荡的过程。

(1)一季度国内价格达到近年高点。第一季度小麦市场价格明显上涨，平均涨幅达到20%。此前小麦连续4年减产是价格上涨的原动力。从2003年10月其他粮食价格上涨，也对小麦价格上涨起到了带动作用。在粮价上涨的过程中，农户和粮食购销加工企业存粮意识增强、售粮意愿减弱，小麦市场的供求在短时间内出现了相对紧张局面，也是重要因素。

(2)二季度价格出现回落态势。第二季度小麦进口量持续快速增长，市场现货供应增加。由于供求关系的变化，4月份北方地区小麦价格回落，回落过程持续了两个月，6月份小麦市场出现平稳局面。

(3)三、四季度价格呈现回升。新麦上市后，市场供求关系改善，短期内供需达到平衡，但当市场面粉加工企业对小麦的需求增加后，这种平衡随即被打破。中秋节及国庆节到来之前，北方地区小麦粉需求达到季节性高点。华北、黄淮地区的面粉价格伴随着需求的季节性增长而出现了明显提高，拉动小麦价格回升。

（二）稻谷供求与价格

1.2004年稻谷供给和需求状况

（1）产量大幅增长。2004年我国稻谷产量17500万吨，比2003年增加1435万吨，增产8.9%。同期稻谷进口109万吨（大米折稻谷，下同），比2003年增加72万吨。国内稻谷的供需形势相应改善。

（2）食用、饲用需求下降。2004年我国稻谷消费总量为18925万吨，比2003年减少280万吨。其中口粮消费15800万吨，与2003年基本持平；饲用消费量1930万吨，同比下降10.4%，主要原因是粮价上涨。

出口大幅减少。2004年我国稻谷出口144万吨，同比减少228万吨，减少61.3%（见图3-2）。

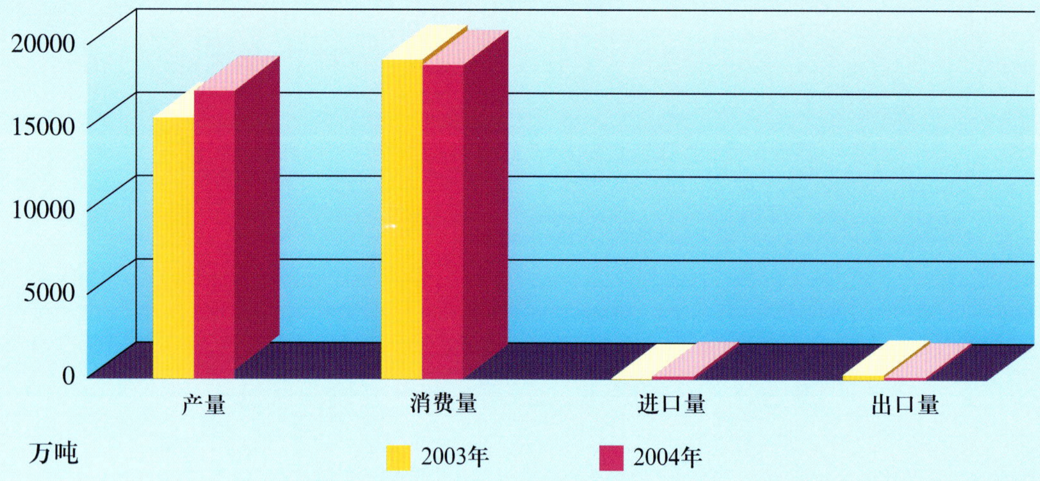

图3-2　2003年、2004年稻谷供求状况

2.稻谷市场价格走势及成因

2004年，我国各品种稻谷收购价格均在国家制定的最低收购价之上。稻谷价格走势呈现先大幅上涨，再显著回落，然后稳中缓慢上涨的态势。

1～3月，国内稻谷价格快速、大幅上涨。推动国内粮价在2003年第四季度大幅上涨的因素继续发挥作用，是这一轮稻谷价格上涨的主要原因。

4～7月，多数地区稻谷价格快速下跌，籼稻尤为明显。主要是受大豆和小麦价格下跌的连动影响。东北稻谷价格在高位保持稳定，原因是经南方销区大量采购后，当地稻谷供给偏紧，价格因此坚挺。

7～12月，早籼稻上市后，稻谷价格呈现出小幅波动、缓慢上涨的态势。主要原因是最低收购价政策产生了明显的托市作用；农民存在强烈的惜售心理；粮食购销企业和经销商对后市普遍看好，收购较为积极。

（三）玉米供求与价格

1.2004年我国玉米供给和需求状况

我国玉米在过去几年中持续呈现产不足需的局面，库存水平逐年下降。2004年国内玉米产量接近历史最高水平，而出口明显下降，供需局面相应改变，库存降低速度也相应减缓。

(1) 供给增加幅度较大。2004年我国玉米产量13250万吨，比2003年增产1665万吨，增长14.4%。玉米进口仍维持在低水平，只有2320吨。

(2) 需求略增。2004年我国玉米消费总量为11565万吨，比2003年增加160万吨。当年产大于消近1700万吨，其中饲用消费量8185万吨，与2003年持平；工业消费1830万吨，比2003年度增加155万吨。

出口大幅下降。2004年我国出口玉米232万吨，比2003年减少1406万吨，减幅达85.4%，创下了1997年出口形成规模以来的最低量（见图3-3）。

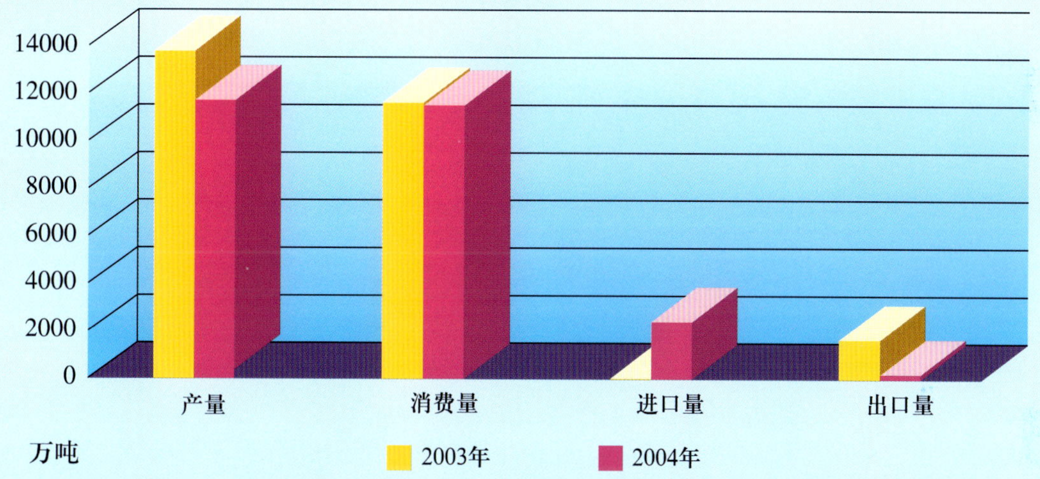

图3-3 2003年、2004年玉米供求状况

2.玉米市场价格走势及成因

2004年，国内玉米价格呈现先涨后跌行情，大致可分为四个阶段。

1～4月，受出口数量下降和“禽流感”疫情的双重影响，玉米价格呈现第一季度跌4月份涨的特征。第一季度玉米出口仅103万吨，比2003年第四季度减少464万吨，减幅达81.8%。2月份国内较大范围的禽流感疫情爆发，尽管时间不长，但对玉米需求有重大影响。禽流感疫情消除后，玉米价格迸发出较大的补涨行情，4月底大连港口平仓价格从最低迷的1150元/吨快速上涨到1300元/吨。

5～8月，玉米价格在高位徘徊，相对稳定。

9～11月，玉米价格开始直线回落。新玉米上市后，丰收的压力明显显现。而国内需求仍然没有改善的迹象，第四季度出口也只有44.2万吨。产销区玉米价格同步走低，创造了当年国内价格的最低点。11月底，大连港口玉米平仓价格回落到1140～1150元/吨的较低水平。

11～12月，产区玉米价格继续下跌，销区玉米价格则出现恢复性上涨，产销区走势相异并未改变季节回落的态势。随着年末东北新玉米的大量上市，东北、关内以及西北产区玉米价格都难以抬头。由于农户增收意愿强烈，惜售心理严重，因此产区玉米处于农户不卖、市场不买的僵持局面。受供应下降和养殖需求逐步恢复的影响，部分销区玉米价格出现反季节上涨。12月底，大连平仓价格反弹到1170～1180元/吨。

（四）大豆供求与价格

1.2004年大豆供给和需求情况

（1）产量增加，进口减少，产需缺口比2003年有所缩小。2004年我国大豆产量达到1790万吨，比2003年增产250万吨，增长16.3%。进口2023万吨，同比减少51万吨，降幅为2.5%。当年总供给量3813万吨，比2003年增加200万吨，增幅5.5%。

（2）需求增加。2004年度我国大豆国内总消费量约3470万吨，同比增加325万吨。其中榨油消费量2600万吨；食用及工业消费量为810万吨；种用量为60万吨（见图3-4）。

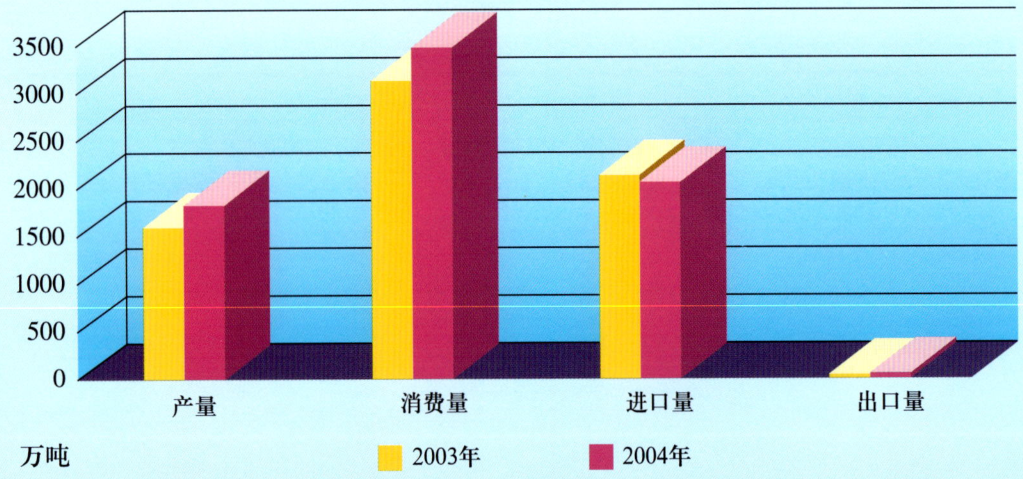

图3-4 2003年、2004年大豆供求状况

2.大豆市场走势及成因

2004年，大豆市场价格的运行大致可以分为两个阶段。

第一阶段：国际市场价格大幅上涨推动国内大豆价格上扬。由于南美地区大豆产量远远低于预期，国际大豆期货价格连续拉高，4月上旬前，国内大豆现货和期货价格也表现出强烈的牛市特征。4月份时国内大豆油厂采购价格平均达到3850元／吨，比1月份上涨18%。

第二阶段：需求减弱和供给增加，导致大豆价格回落。进入4月中旬，国际市场大豆价格因来自中国的买盘力量减弱而快速下跌。此外，美国大豆播种面积增加，产量恢复性增长，也促成了期货和现货价格的深幅下跌。同期，国内禽流感对饲料和养殖业的影响也开始显现出来，豆粕需求减弱，油脂加工企业效益降低，也降低了油脂加工企业采购进口大豆的意愿。

三、杂粮供求形势

2004年，杂粮的需求量和供给量，均比2003年增长，供求平衡略有结余。

（一）杂粮供给量已恢复到历史较高水平

1.杂粮生产面积减少、产量增加

2004年，我国杂粮播种面积2.59亿亩，比2003年减少385.3万亩，但仍获得较好收成。全年产量达5653.2万吨，比2003年增产420.3万吨，增加8.0%。其中薯类增产269.5万吨，谷物类杂粮增产111.9万吨，杂豆增产38.9万吨。

2.杂粮进口

进口杂粮的品种约10个，一般都属于进口微量的优良品种种子。惟一大宗进口的品种是啤酒大麦，2004年进口170.5万吨，比2003年增加25.4%。

（二）杂粮需求量增长较大

1.杂粮国内消费量

2004年，杂粮国内消费量5608.1万吨，比2003年增加476.1万吨，增长了9.3%。

2.杂粮出口

2004年，共向108个国家和地区出口杂粮109.9万吨，比2003年减少13.9%。创汇3.77亿美元，比2003年少900万美元。但有的品种增加幅度较大。高粱出口14.8万吨，荞麦出口13.8万吨，分别比2003年增加63.1%和37.5%（见图3-5）。

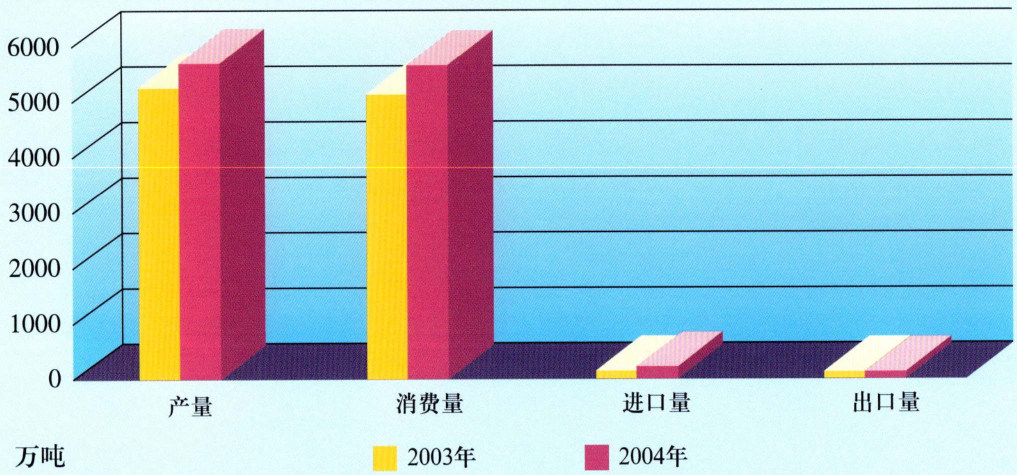

图 3-5　2003 年、2004 年杂粮供求状况

（三）杂粮市场价格走势及成因

2004 年，杂粮的国内市场价格整体平稳，少数品种价格上涨。从 9 月份起，绿豆、红小豆、扁豆等杂豆的价格不断上涨。绿豆的批发价一直在每吨 4600 元左右徘徊，从 9 月份开始上涨，年底涨到每吨 6000 元，每吨上涨了 1400 元，涨幅达 30%，为近 8 年来的最高价。主要原因是东北等部分主产区受国家对大宗粮食品种的优惠政策所吸引，杂豆播种面积减少；有些主产区因雨水较多，不利杂豆生长，作物长势欠佳，造成产量下降；再加上农户惜售，杂豆的部分品种曾一度出现供不应求的现象。

四、食用油脂油料供求形势

（一）油料产量创历史新纪录

2004年，油料总产量（不包括大豆和棉籽）3057万吨，比2003年增产8.8%。其中花生产量1431万吨，增产6.6%；油菜籽产量1304万吨，增产14.2%。如加上大豆和棉籽，国内油料总产量超过5900万吨，扣除籽食、食品和出口，当年油料折油产量为1080万吨左右。

（二）油脂、油料进口数量大幅增加

2004年，我国进口油脂、油料总折油1113万吨，创历史新纪录；扣除出口油脂、油料折油38万吨，净进口油脂1075万吨，比2003年增加16.5%。其中，直接进口豆油252万吨，比2003年增加33.8%；进口大豆2023万吨，折油364万吨，比2003年下降2.5%；进口棕榈油386万吨，比2003年增加16.1%；进口菜籽油35万吨，比2003年增加130%；进口油菜籽47万吨，比2003年增加181%。

（三）新增油源较多，市场供应充足

2004年，全年食用油供给总量比2003年增长290万吨左右，增幅15.8%，而当年我国食用油消费量的增长速度在10%左右，新增油源的增长速度高于消费增长速度。因此，2004年我国食用油市场供应充足，并呈供略大于求的格局，年末结转库存水平高于2003年度。

（四）食用油市场价格波幅较大

从2003年第四季度开始到2004年4月，国际市场油脂、油料价格大幅上扬，国内食用油市场价格随之上涨。其后市场价格随着国际市场价格的变化而大幅下跌。仅5月中下旬，大豆价格即从每吨4200元左右跌至3200元以下，毛豆油价格也从每吨7600元左右下跌到6400元左右。下半年，国内油脂、油料市场价格基本上处于低位震荡、逐渐下跌的态势。12月，全国四级豆油平均价格为每吨6039元。粕类的供求关系和价格变化趋势与油脂、油料的情况基本相同。

专栏2

FAO发布2005年世界粮食供求形势

FAO发布的数据显示：2005年世界粮食总产量会下降2.8%，其中小麦、粗粮分别下降2.5%和5.2%，稻谷生产有所上升，上升幅度为2.7%。与此同时，世界粮食消费呈上升趋势，总消费量上升0.3%，其中粗粮、稻谷分别上升0.3%和0.9%，小麦消费则下降0.1%。据预测，2005年全球粮食当年产需缺口为1570万吨，其中小麦、粗粮、稻谷分别为640万吨、780万吨和160万吨，产需缺口主要靠历史库存来弥补。

FAO发布的2004年、2005年供求形势

单位：百万吨，%

2004年	生产	供给	消费	贸易	库存
所有粮食	2054.3	2469.5	2004.9	233.6	463
其中：小麦	627.3	787.5	618.3	106.9	167.6
粗粮	1022.7	1173	973.7	101.2	198.4
稻谷	404.3	509	412.8	25.5	97.1
2005年	生产	供给	消费	贸易	库存
所有粮食	1995.9	2458.9	2011.6	230.5	444.5
其中：小麦	611.5	779.2	617.9	103.5	159.6
粗粮	969.2	1167.6	977	101.5	189.5
稻谷	415.2	512.2	416.8	25.5	95.4
变化率*	生产	供给	消费	贸易	库存
所有粮食	-2.8	-0.4	0.3	-1.3	-4
其中：小麦	-2.5	-1.1	-0.1	-3.2	-4.8
粗粮	-5.2	-0.5	0.3	0.3	-4.5
稻谷	2.7	0.6	0.9	0.1	-1.8

注：*指2005年相对于2004年的变化率；2004年数据为估计数据，2005年为预测数据。
资料来源：FAO全球粮农信息及预警系统（GIEWS）。

第四部分

粮食质量与标准

一、主要粮食收获质量与品质状况

（一）稻谷质量和品质

收获质量。2004年，湖北、江苏等省稻谷质量明显好于2003年，其中，湖北省中晚籼稻中等（三等）以上的达到57.5%，比2003年提高13.7个百分点，等外的为36.9%，比2003年减少17.2个百分点。辽宁、吉林、黑龙江三省粳稻质量中等以上的分别为99.4%、83.0%、95.5%；与2003年相比，三省稻谷出糙率和整精米率指标都有所提高，水分含量和不完善粒率比例都有所降低。

品种品质。辽宁、吉林、黑龙江三省推广稻谷品种的各项指标基本上都达到了国家优质稻谷标准要求，品质一致性也比较好。湖北、江苏两省主要推广品种的食味评分、出糙率、整精米率等单项指标达到了国家优质稻谷标准，但垩白率、垩白度等指标偏高，品质差异也比较明显，全项目达到国家优质稻谷标准的比例不高。

（二）小麦质量和品质

收获质量。2004年，河南、江苏两省中等（三等）以上质量等级均达到90.0%以上。两省小麦容重平均值分别为765克/升和766克/升，比2003年有显著提高；不完善粒率平均值分别为7.2%和5.3%，比2003年有显著降低。

品种品质。河南省主要推广的强筋小麦品种品质有所改善，达到国家优质强筋小麦标准的品种数量进一步增加，主要品种的稳定时间平均值在9.2分钟以上，达到国家优质强筋小麦标准，但不同地区的品质差异仍然比较明显。江苏省主要推广种植的弱筋小麦品种，主要品质指标还达不到国标要求，表现在粗蛋白质含量、湿面筋含量明显偏高，稳定时间偏长。

（三）玉米质量和品质

收获质量。2004年，辽宁、吉林、黑龙江三省玉米中等（二等）以上质量等级比例分别为98.2%、77.0%和59.0%。水分含量分别为19.0%、29.5%和28.1%，比2003年有显著降低；容重分别达到753克/升，704克/升和785克/升，比2003年有明显提高；不完善粒率分别为1.7%、3.5%和2.4%，比2003年有明显降低。

品种品质。吉林省主要推广的高脂肪玉米品种粗脂肪含量在8.0%以上，高出普通玉米脂肪含量40%～50%，高淀粉玉米品种的淀粉含量在71.0%以上，与2003年相比各项指标都比较稳定。辽宁省主要推广的高淀粉玉米品种淀粉含量71.1%～72.4%，比2003年略有提高。

（四）大豆质量和品质

收获质量。2004年，吉林、黑龙江两省大豆纯粮率分别达到94.0.%和93.3%，比2003年分别提高1.0个百分点和1.4个百分点；千粒重分别达到201克和197克，分别比2003年提高9克和6克；不完善粒率分别为9.5%和11.4%，比2003年分别降低了1.0个百分点和0.8个百分点；中等（三等）以上质量等级的分别达到90.0%和80.0%，总体质量好于2003年。

品种品质。吉林省推广的长农14号、长农15号、吉林28号等大豆品种，含油量平均值分别达到22.3%、22.3%和22.0%，达到或接近国外高油大豆含油水平（22.1%）；九农22号、吉林28号等品种，蛋白质含量平均值达到了42.0%和42.1%，接近国外高蛋白质大豆的蛋白质含量水平(42.2%)。各品种的品质一致性较好。黑龙江省推广的绥农11号等品种，含油量平均值达到21.6%，绥农14号和垦农18号等品种的蛋白质含量平均值达到41.4%和41.2%。

二、国有粮食企业库存粮食质量状况

2004年4月和5月,国家发展改革委、国家粮食局等六部门联合组成检查组，对辽宁、吉林、黑龙江、上海、江苏、安徽、福建、江西、山东、湖北、广东、广西、重庆、贵州和云南等15个省（区、市）的133个国有粮食购销企业库存粮食质量进行了抽查，抽查的重点为商品周转粮的质量情况和1999年以前各年度库存商品周转稻谷中能作为口粮的数量，以及中央储备粮和地方储备粮的库存质量情况。共抽取样品1306份，代表数量333.55万吨。样品检验分析结果显示：抽查的商品粮中，符合国家标准中等以上的占71.2%，等内的占95.4%；中央储备粮的质量合格率为90.3%，未发现陈化粮；地方储备粮的质量合格率为78.9%，出现了少量陈化粮，占3.6%。

三、粮油标准体系建设

（一）新标准的颁布和实施

2004年颁布和实施了《大豆油》、《棉籽油》、《葵花籽油》、《油茶籽油》、《玉米油》、《米糠油》、《菜籽油》、《花生油》共8个食用植物油国家标准。新标准除规定了术语、定义、分类、质量要求、检验方法及规则、标签、包装、储存和运输等要求外，还特别明确了强制性条文，限定了食用油中的酸值、过氧化值、溶剂残留量等指标，限定了最低质量等级指标，在标识上要求标明初制油的生产工艺和是否为转基因油料生产的油脂。颁布和实施了《粮食信息分类与编码》等18项行业标准（见附录表25）。

国家发展改革委、国家粮食局、国家标准委三部门联合发布和实施了《稻谷储存品质判定规则》和《玉米储存品质判定规则》。

（二）旧标准的清理

2004年，按照国家标准委的要求，对国家粮食局归口管理的标准进行了逐项审查。审查国家标准163项，结果是62项粮油国家标准保留，101项将列入今后的制修订计划。审查行业标准150项，结果是127项保留，9项将修订，14项废止（见附录表26）。

对原商业部、内贸部制定的行业标准进行了清理，将以往不统一的行业标准代号进行了转化。原来114项SB/T、ZBX、LS等编号的标准转化为LS/T字头代号，并在国家标准委备案,向社会发布（见附录表27）。

（三）标准化体系

2004年，全国粮油标准化技术委员会（简称粮标委）新增委员14人，其中农业部门12人，粮食部门2人。粮标委委员现已达78人，其中个人委员54人，单位委员24人，代表面更加广泛。粮标委完成了“粮食及制品”、“油料及油脂”、“粮食储藏及流通”、“粮油机械及仪器设备”4个技术工作组的组建。

2004年，我国由过去的国际标准化组织农产食品委员会动植物油脂分委员会（ISO/TC 34/SC11）观察员的身份（O成员国）成为参与国（P成员国）。标志着我国将实质性地参与这一领域的国际标准的制修订以及相关活动。

四、粮食质量监管体系建设

（一）粮食质量监管制度建设

国家发展改革委、国家粮食局等七部门联合制定了《粮食质量监管实施办法（试行）》。

福建省结合建设“食品放心工程”，建立了粮油质量季度抽查制度和半年专项检查制度，对系统内的加工企业、销售企业的产品质量进行抽查，定期发布抽查信息；广东等中南5省联合制定了《中南五省（区）军粮质量军地联合抽检暂行办法》，推行军粮供应“统一采购、统一加工、统一包装、统一配送、统一检验”的方式；宁夏自治区建立了储备粮轮换入库报表、质量奖惩制度、原始质量检验档案制度、质量责任追究制度和检验员持证上岗制度；天津、福建、广东等省（市）制定了地方储备粮油质量管理办法。

（二）粮食质量检验检测体系

2004年各级粮食部门加大资金投入，重点加强市、县级粮食质检体系建设，组织质检机构间的比对考核和检验人员的技术培训。国家粮食局组织开展了35个部省级粮油质检机构参加的比对考核工作。辽宁、吉林、福建、重庆、四川等省（市）积极开展辖区内粮油质检机构的比对考核工作。山西、辽宁、吉林、安徽、江西、湖南、广东、四川、宁夏等省（区）对从事粮油质量检验的人员进行了9400多人次的业务培训。

（三）粮食质量的监测与服务

2004年各地粮食部门积极开展粮食质量的监测与服务，并配合工商、质检、食品药品监督等部门开展陈化粮、市场粮油质量抽查和QS标识专项检查工作，防止陈化粮和有毒有害粮油流入口粮市场，保护粮食生产者、经营者和消费者的合法权益，维护粮食市场秩序，保障粮食质量安全。

专栏3 **什么是陈化粮**

2004年，国家发展改革委、国家粮食局、国家标准委三部门联合发布的《稻谷储存品质判定规则》和《玉米储存品质判定规则》，将“陈化粮”的概念修订为“储存品质明显下降，一般不宜直接作为口粮食用的粮食”。

《粮油储存品质判定规则》主要是用于指导粮食储存和适时轮换。从“陈化粮”的评价指标和定义可以看出，所谓“陈化粮”实际上就是外观、口感和加工品质等明显降低的粮食。

2001年，国家在鉴定和处理陈化粮时，规定陈化粮集中用于酒精制造、饲料加工等，不允许流入口粮市场，是让陈化的粮食在尚未达到不能食用的程度之前，就转移到酒精、饲料等非直接食用的用途方面。这样，既能更好地保护广大消费者的身体健康，又能有效地利用粮食资源。

第五部分

粮食流通体制改革

一、粮食流通体制改革进展情况

（一）积极稳妥推进粮食流通体制改革

2004年，国务院相继出台《国务院关于进一步深化粮食流通体制改革的意见》和《粮食流通管理条例》，决定全面放开粮食购销市场，积极稳妥推进粮食流通体制改革。这次粮食流通体制改革坚持市场化取向，坚持“有利于粮食生产、有利于种粮农民增收、有利于粮食市场稳定、有利于国家粮食安全”的基本原则，提出“放开购销市场，直接补贴粮农，转换企业机制，维护市场秩序，加强宏观调控”的基本思路，初步确立了新的粮食流通体制的基本框架。

（二）全面放开粮食购销市场，发挥市场配置粮食资源的基础性作用

目前，有31个省、自治区、直辖市全面放开了粮食收购价格和购销市场，实现了粮食购销市场主体多元化，初步形成了在国家宏观调控下市场形成粮食价格的机制，促进了粮食市场体系的形成和发展。

（三）建立直接补贴机制，保护种粮农民利益

2004年，国务院结合农村税费改革，全面实行对种粮农民的直接补贴，粮食主产省从粮食风险基金中安排40%资金用于落实对种粮农民直接补贴。

（四）着力解决国有粮食购销企业历史包袱，因地制宜推进国有粮食企业改革

一是妥善做好职工分流安置工作，对粮食购销企业职工依法解除劳动关系的补偿金，采取省级财政补贴一部分，市县财政安排一部分，粮食企业自筹一部分的办法解决。二是有计划有步骤消化现有库存中以往按保护价（含定购价）收购的粮食。三是各地按照省级政府统一安排，认真开展老账清理、审计工作。在逐步解除“三老”历史包袱的同时，各地结合当地实际，加快国有粮食企业改革步伐，推进企业产权制度改革，实行企业重组和组织制度创新，探索了一些好的方式和途径，企业改革取得了新进展。

（五）完善粮食储备体系，加强和改善粮食宏观调控

按照中央和省级政府粮食事权划分，健全和完善了中央和省级粮食储备制度和调控机制。进一步完善了中央储备粮垂直管理体系。针对粮食供求出现的新变化，适当调控中央储备粮轮换计划安排数量和轮换节奏，协调铁道部门增加东北地区粮食运力，保证主销区市场供应，稳定市场粮食价格。根据国务院关于“产区保持3个月销量、销区保持6个月销量”的要求，各地抓紧健全地方粮食储备管理体系，相应增加了地方储备规模。

（六）依法加强对粮食市场的管理，维护粮食流通秩序

建立粮食市场准入制度，既坚持多渠道经营，又严格要求资质标准。制定了贯彻落实《条例》的相关配套办法，开展粮食收购资格审核工作，初步建立粮食流通监管检查制度和工作体系，加强对非国有粮食购销企业的服务和监管，强化对粮食批发、零售市场的管理。

二、粮食直接补贴全面实施

国务院决定，自2004年3月份开始在全国范围内实行粮食直补工作。各粮食主产省、自治区安排不低于粮食风险基金总规模40%的资金，用于对种粮农民直接补贴；粮食产销平衡地区、主销区也参照主产区的办法，安排资金对主产县（市）、产粮大县的种粮农民进行直接补贴。全国有29个省（区、市）共安排直接补贴资金116亿元，其中主产省（区）安排103亿元；全国近6亿农民直接享受了这项政策带来的实惠，粮食主产区平均每户增收74元。

（一）对种粮农民直接补贴的有关政策

2004年3月，财政部印发《实行对种粮农民直接补贴，调整粮食风险基金使用范围的实施意见》，对直接补贴的方式、操作办法、资金安排、筹措、拨付以及监管等有关问题做出了具体规定。

1.直接补贴的方式和操作办法

直接补贴主要有三种方式，即按计税面积补贴，按计税常产补贴，按粮食种植面积补贴。具体操作办法，一是以县（市）为单位，按该县（市）前3～5年国有粮食购销企业保护价收购农民余粮的平均数，确定各县（市）享受补贴的商品粮数量，如果补贴数量低于前3年平均粮食商品量的70%，应按不低于前3年平均粮食商品量的70%确定；二是以农业税计税土地面积（或计税常产，或粮食种植面积）为基础，确定每个农户享受补贴的商品粮量；三是每斤商品粮的补贴标准按市场价低于保护目标价格的差价核定，全省统一；四是每个农户得到补贴额为核定的商品粮量乘以补贴标准。

2.直接补贴的资金来源

粮食主产省、自治区2004年从风险基金中安排100亿元用于对种粮农民直接补贴，以后逐年增加，经过3年时间，达到现有粮食风险基金规模一半的水平。

3.直接补贴的兑现方式

直接补贴的兑现方式，可以与农民缴纳农业税同步进行，分开操作，缴归缴补归补；也可采取直接抵扣应缴农业税的办法；农业税全免的省，可以单独直接对农民补贴。

（二）直接补贴政策需要继续完善的几个问题

2004年的粮食直补工作总体上平稳顺利，取得了良好的政策效应，但也遇到了一些新情况、新问题。一是计税面积之外种粮面积补贴问题。由于历史原因，在计税面积之外的土地种植粮食的情况在一些粮食主产区比较普遍。按计税面积补贴，农户计税面积之外的土地即使种粮也得不到补贴，不利于调动农民增加种粮面积的积极性。二是流转耕地的补贴对象问题。三是补贴标准不高的问题。四是降低落实直补政策的行政成本问题。

三、国有粮食企业改革全面推进

（一）国有粮食企业改革进展情况

1. 国务院有关部门适时出台了支持国有粮食企业改革配套政策

财政部等3部门联合下发了《关于从粮食风险基金中列支国有粮食购销企业分流职工补助的通知》，批准河北、内蒙古、安徽、河南、湖南、四川、云南等省（区）从粮食风险基金中列支国有粮食购销企业分流职工补助金。

财政部等5部门联合印发了《国有粮食购销企业粮食财务挂账处理意见》，对国有粮食购销企业粮食财务挂账处理做出明确规定。

中国农业发展银行等4部门联合印发了《粮食收购资金贷款管理办法》，调整了粮食企业收购资金供应和管理政策。

国家发展改革委、国家粮食局等5部门联合印发的国粮财[2004]125号文件规定，在2007年底以前，对有困难的国有粮食购销企业的生产经营性用房和土地，按规定程序审核批准后，减征或免征房产税和城镇土地使用税。

国家粮食局、中国农业银行下发了《关于确保粮食库存账实相符的通知》，对历年粮食损失损耗处理等做出了规定。

2. 长期困扰国有粮食企业的“三老”问题正在逐步解决

在解决“老人”方面，各地粮食部门指导国有粮食购销企业一方面充分利用各种非主业和闲置资源，采取多种方式增加就业岗位，安置企业富余人员。另一方面通过从粮食风险基金中列支一部分，地方政府预算中安排一部分，企业自筹一部分，落实各项社会保障政策，保护职工合法权益。截至2004年底，全国国有粮食企业职工总数166.3万人，其中购销企业104.8万人，分别与2003年底相比减少38.8万人、23.0万人，减幅为18.9%、18.0%。

在解决“老账”方面，各地对国有粮食购销企业1998年6月1日至实行粮食购销市场化改革前的粮食财务挂账进行清理审计认定。目前北京、河北等19个省（区、市）初步完成了粮食财务挂账的现场清理审计；天津、辽宁等11个省（区、市）正在进行现场清理审计；甘肃省正在制订清理审计方案。

在解决“老粮”方面，各地国有粮食购销企业抓住市场粮价出现恢复性上涨的机遇，积极促进顺价销售。截至2004年年底，大部分老库存粮食能够顺价销售，“老粮”问题正在逐步得到解决。

3.积极推进国有粮食企业产权制度改革

截至2004年底，国有粮食企业改制数13963家，占全部国有粮食企业总数34302家的41%。与2003年相比，国有粮食企业总数减少5193家，减幅13%；改制企业数增加1164家，增幅9%。

其中国有粮食购销企业改制数7027家，占全部购销企业数20522个的34%。与2003年相比，购销企业减少1823家，减幅8%；改制企业数增加2958家，增幅73%。

国有粮食附营企业改制数6936家，占全部附营企业数13780家的50%。与2003年相比，附营企业数减少1794家，减幅21%（见图5-1）。

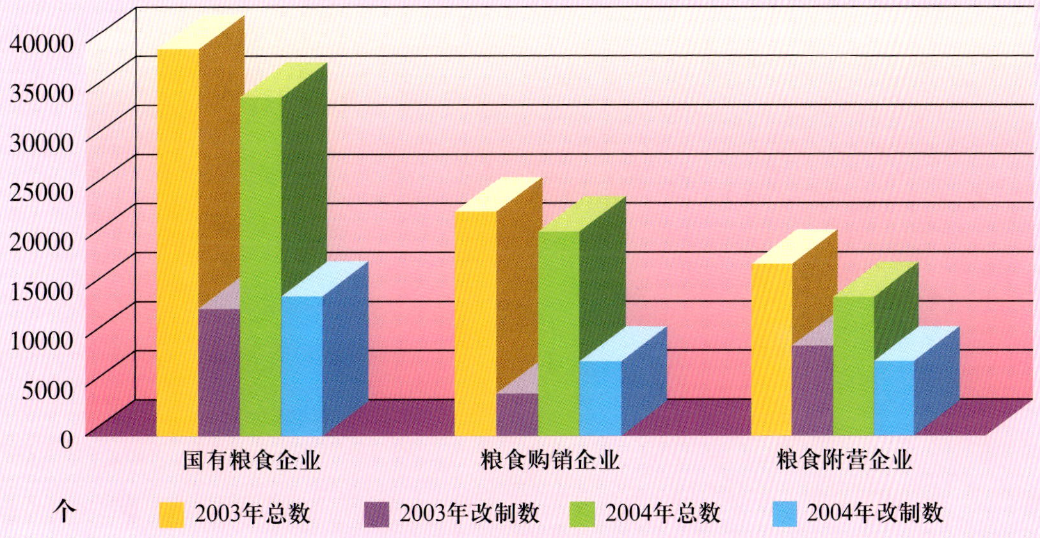

图5-1　国有粮食企业产权改革情况

4.粮食产业化经营取得新进展

2004年底，全国国有粮食企业中产业化龙头企业数938个，其中购销企业519个。粮食产业化龙头企业数位居全国前五位的省份是：四川97个，湖北89个，江苏88个，安徽68个，河南64个。通过开展粮食产业化经营，涌现出了黑龙江冰灯米业、吉林吉粮集团、山东半球集团、湖南金健米业、湖北银欣集团、四川川粮米业等一批粮食产业化龙头企业。

5.国有粮食企业在改革中继续发挥主渠道作用

截至2004年年底，全国国有粮食企业收购粮食量占全社会粮食商品量的50%左右。其中江西、湖南等8个早稻主产省国有粮食企业累计收购稻谷399亿斤，同比增加16%；河北、河南等9个小麦主产省国有粮食企业累计收购小麦619亿斤，同比减少6%。

（二）当前国有粮食企业改革存在的主要问题

1. 各地国有粮食购销企业改革进展不平衡

目前，已逐步解决企业“三老”问题，积极推进了企业产权制度改革，并开始建立现代企业制度阶段的只有北京等4个省（市）；正在推进企业产权制度改革的有江苏、湖南等15个省（区、市）；处于解决企业“三老”问题阶段的有吉林、河南等11个省（区）；还有个别省企业改革尚未启动。

2. 粮食财务挂账清理审计认定工作尚未完成

目前，绝大多数省份尚未进行政策性财务挂账的认定。同时，部分省份在执行粮食财务挂账清理审计政策上，不同程度地存在向企业“甩包袱”现象。

3. 国有粮食企业分流安置职工所需资金缺口大、筹集难

困难比较大的是粮食主产省，由于地方财政比较困难，国有粮食购销企业分流安置职工所需资金虽然从粮食风险基金中安排了一部分，但仍存在较大缺口。企业自筹部分，由于基层国有粮食购销企业负债多，可变现资产少，难以落实到位。

4. 部分地方国有粮食购销企业收购资金贷款比较困难

在国有粮食购销企业“三老”问题没有妥善解决、企业改制尚未到位的情况下，一些基层行贷款谨慎，使一些国有粮食购销企业在改革过程中贷款比较困难，影响主渠道作用的发挥。

（三）深化国有粮食企业改革的建议

1. 对各地清理审计粮食财务挂账工作进行督查，实事求是认定政策性挂账

各地要认真贯彻落实国务院及有关部门关于粮食财务挂账清理审计的有关规定，限期对1998年6月1日以后至实行粮食购销市场化改革前发生的亏损挂账进行全面的清理审计。对已经清理认

定的政策性挂账，尽快上划到县以上（含县级）粮食行政管理部门。对经清理核实的企业经营性挂账，应按照债随资产走和不逃废银行债务的原则，集中到以县为单位成立的购销公司统一管理。

2. 加大筹集改革资金的力度，维护职工合法权益

对国有粮食购销企业分流安置职工、依法解除劳动合同和职工社会保险关系接续等所需资金，坚持由省（区、市）人民政府统筹考虑，采取多渠道解决。地方各级政府应从财政预算中安排一部分补助资金，并允许困难较大的省份在批准的额度内继续从粮食风险基金中开支一部分。对部分粮食主产区国有粮食购销企业销售老库存粮食形成的价差收入，要优先用于企业分流安置职工所需资金开支。对粮食风险基金包干总额不足，同时企业分流安置职工资金又存在较大缺口的粮食主产省（区），可以报经国务院批准，允许向中国农业发展银行申请专项借款。对国有粮食企业在改革中所实现的资产变现收入等，要优先用于支付企业改革成本。

3. 继续做好国有粮食企业下岗失业人员再就业工作，维护社会稳定

国有粮食企业要充分利用现有购销网点和产业化经营优势，努力增加就业岗位，为下岗职工创造更多的再就业机会。农村国有粮食企业要学习山东章丘、莱州和河南延津的经验，组织下岗职工到农村开办粮油服务社和协会等中介组织，面向农民，大力开展粮食代储存、代加工和兑换成品粮等便民服务，增加就业岗位。城镇国有粮食企业要学习山东济南、滕州便民连锁店和河北廊坊“早餐工程”的经验，增加第三产业服务岗位。

4. 进一步加强对国有粮食企业改革工作的指导，确保改革顺利进行

积极培育产业化龙头企业，引导企业与农民之间建立利益共享、风险共担的合作机制，推进粮食产业化经营。指导开发粮油精深加工的新产品以扩大市场销路，通过转化增值提高效益。

5. 积极做好粮食收购资金贷款工作，发挥国有粮食企业主渠道作用

中国农业发展银行应进一步加强粮食收购资金的供应和管理，支持国有粮食企业继续发挥收购粮食和调控市场的主渠道作用。应充分发挥政策性银行的作用，完善粮食收购资金贷款管理办法，提高服务质量，积极支持粮食企业入市收购粮食。在执行最低收购价政策中，要保证收购资金贷款及时足额发放，确保农民售粮需要。

专栏 4

深化粮食流通体制改革中需要重视的几个问题

在深化粮食流通体制改革的过程中，遇到了一些新情况、新问题，需要引起高度重视。主要是：

一、 粮食直接补贴政策使农民得到了实惠，但存在补贴资金平均分配的现象，没有体现向种粮农民和种粮大户的倾斜。同时，由于补贴资金全部从粮食风险基金中开支，粮食主产区财政负担过重、地方配套资金仍难以到位。

二、 最低收购价起到了价格引导作用，给种粮农民吃了“定心丸”，但粮食企业和金融机构执行政策过程中，针对价格、市场和收购信贷资金风险等一系列应对机制还需要进一步健全。

三、 国有粮食购销企业改革总体上取得重大突破，但由于配套措施不到位，进展不平衡，主产区的改革资金存在较大缺口。部分地方亏损挂账清理审计工作不够彻底，有的将清理审计和消化责任层层下推，导致挂账性质认定不准确，消化责任难以落实，直接影响到企业深化改革和发挥主渠道作用。国有粮食购销企业的产权制度改革和组织结构创新还处于起步阶段，需要加快推进。

四、 粮食产销区之间的联系得到加强，但利益协调机制尚不完善，产销协作关系不是很稳固。

五、 粮食市场准入制度初步确立，粮食流通监督检查和市场监管工作要进一步加大力度，严格入市企业的资格审核和规范市场秩序。

六、 粮食行政管理部门依法行政得到加强，但机构和人员配置同所承担的管理全社会粮食流通、加强市场监管、实行市场准入制度、承担全社会粮食统计等职责及工作任务不相适应。

第六部分

粮食法制建设与依法行政

一、《粮食流通管理条例》颁布实施

(一)《粮食流通管理条例》的颁布

2004年5月19日，国务院第50次常务会议审议通过《粮食流通管理条例》，并于5月26日以国务院令第407号公布施行。

(二)《粮食流通管理条例》的贯彻落实情况

1. 组织开展《条例》的宣传，营造依法管粮的社会氛围

《条例》颁布后，国家粮食局立即下发《关于贯彻实施〈粮食流通管理条例〉的通知》，并在全国粮食局长会上对学习贯彻《条例》进行部署。各地粮食局按照要求，结合实际，把《条例》的学习宣传和贯彻实施作为2004年依法治理工作的一项重要内容，开展了一系列学习宣传活动。使社会各界特别是粮食部门干部职工了解《条例》的内容，提高粮食行政管理人员依法行政、粮食经营者依法经营的法律素质。

2. 制定《条例》的配套办法，为依法管粮提供制度保障

国家粮食局会同有关部门制定下发了粮食收购资格审核、粮食监督检查、粮食质量监管、中央储备粮代储资格和粮食统计等办法和制度。北京、湖南等省（区、市）起草制定了粮食流通统计制度实施细则和粮食应急预案；安徽、四川等省（区、市）制定了粮食流通行政执法与行政处罚程序暂行规定、粮食部门行政执法责任制实施方案；黑龙江、上海等省（区、市）制定了行政复议工作制度；广东省制定了粮食系统应诉工作联系制度。

3. 转变粮食行政管理部门职能，加强粮食流通监督检查和行政执法工作

一些省级粮食行政管理部门通过积极争取，分设了法规、监督检查、统计等机构，加强了人员力量。

二、粮食流通监督检查与行政执法

(一)粮食流通监督检查工作取得明显进展

1.粮食流通监督检查体系逐步完善

2004年，《粮食流通管理条例》以及《粮食流通监督检查暂行办法》相继出台后，各地粮食行政管理部门认真贯彻落实，粮食流通监督检查体系建设迅速取得进展。目前，全国省级粮食行政管理部门内设专门监督检查机构的有内蒙古、吉林等10个省（区、市），其他省级粮食行政管理部门也在积极争取尽快成立监督检查机构。

2.粮食监督检查法规及工作制度建设加快

国务院颁布实施《粮食流通管理条例》后，国家粮食局目前已制定的配套文件包括《粮食流通监督检查暂行办法》、《粮食质量监管实施办法（试行）》、《粮食监督检查工作规程（试行）》、《粮食监督检查行政处罚程序（试行）》和《粮食监督检查证件管理规定（试行）》等。

3.粮食流通监督检查工作取得明显进展

2004年，各级粮食行政管理部门积极开展面

向全社会的粮食流通监督检查活动。一是开展对全国国有粮食购销企业粮食库存的检查工作；二是配合工商部门，针对媒体反映一些地方粮食市场出现涉嫌质量不合格大米情况，开展了七省市粮食市场联合督查活动；三是强化对陈化粮销售及陈化粮处理的监管力度，有力地打击了各种违法违规行为；四是加强对各地粮食收购工作的指导，并对各地粮食收购主体的资格审核和监督检查工作进行了统一部署；五是通过清仓查库、代储资格认定、查办违反政策性粮食管理规定的案件等行政执法活动，加强对中央储备粮和其他政策性粮食的监管。

（二）当前需要解决的主要问题及对策

2004年，粮食监督检查工作取得了明显进展，同时也存在许多亟待解决的问题：少数地区对监督检查工作重要性认识不够；监督检查机构体系不够健全；相关配套制度不够完善；市场主体多元化和粮食企业改革后监督检查工作难度大。

各级粮食行政管理部门需要做好以下几个方面的工作：

1. 认真贯彻落实《中央储备粮管理条例》和《粮食流通管理条例》

加强对两个《条例》和行政执法的宣传，提高监督检查人员的行政执法水平，增强各种所有制粮食经营主体遵法守法的自觉性。

2.完善监督检查工作体系和工作制度

加快建立健全粮食监督检查体系，做到监督检查工作有专人分管、有专门机构负责，有专业队伍监督检查，监督检查专项经费能够得到落实。同时抓紧完善监督检查配套制度。

3.加强沟通与信息交流

逐步建立粮食流通监督检查信息沟通、反馈机制，对工作中发现的各类问题要查清根源，认真分析和总结。

三、粮食收购市场准入制度

（一）粮食收购准入制度的建立情况

国家粮食局和国家工商总局于2004年7月联合下发了《粮食收购资格审核管理暂行办法》。各省（区、市）根据当地的实际情况制定了相应的具体实施办法。截至2004年12月，已有22个省（市）制定了粮食收购资格审核管理办法。

各地结合实际情况，对个体工商户从事粮食收购做出了具体规定。主要有四种情况：一是年收购量50吨以下的个体工商户无须申请粮食收购资格；二是年收购量50吨以下的个体工商户无须申请收购资格，但要实行备案制度；三是对以营利为目的常年从事粮食收购的个体工商户实行粮食收购资格许可，但申请条件放宽；四是对个体工商户与法人、其他经济组织的收购资格条件同等要求。

（二）粮食收购准入制度的执行情况

2004年，国家粮食局按照《粮食流通管理条例》和行政许可法的规定，确定了国家粮食局办理粮食收购许可的程序，制定了粮食收购许可受理通知书等法律文书格式，受理了在国家工商总局登记注册的法人、其他经济组织申请粮食收购资格许可，并向符合法定收购条件规定的企业颁发了粮食收购资格证书。

同时，国家粮食局加大了对地方粮食收购资格许可制度的指导力度，统一了粮食收购许可证的格式，要求各地抓紧开展粮食收购资格的审核工作，规范粮食收购市场秩序。

专栏5 国有粮食企业改革与发展：成功经验

山东省莱州市国有粮食企业改革，通过妥善处理“老人、老粮、老账”（以下简称“三老”），组建龙头企业，大力开展粮食产业化经营，走出了一条农民增收、企业发展、保障供求、下岗分流人员实现再就业的路子。近3年国有粮食购销企业累计实现利润1360万元。他们的主要做法：

一、采取多种方式，妥善处理“三老”问题

通过组织下岗职工开办农村粮食服务社、开发新的经营网点、组建股份制公司，使国有粮食企业富余职工1400多人得到了妥善安置。通过市财政补贴粮食费用和价差，当年就将价值8346万元保护价（含订购价）老库存粮食7.1万吨全部处理完毕。对1998年6月1日以后至2004年5月31日实行粮食购销市场化改革之前的新增粮食财务挂账进行了全面清理。

二、落实地方储备粮制度，确保地方粮食安全

市政府把确保粮食供求和市场稳定列入重要的议事日程，建立了地方储备粮制度。

三、推进国有粮食企业产权制度改革，确保国有资产保值增值

组建了国有独资的粮食购销企业——市粮食收储管理中心，承担政府粮食宏观调控等粮食政策性业务。改革国有粮食附营企业，对26个企业实行了股份制改造，其中：1个优良资产多、投资回报率高的企业实行了国有控股；25个企业国有资本全部退出，进行民营股份制改造。

四、开展粮食产业化经营，实现农民和企业双赢

1. 建立粮食产业化协会，为农民提供生产和销售服务。协会为会员农户统一供应良种、统一指导田间管理、统一技术培训、统一粮食订单收购。目前，协会在市内各镇(街道办事处)设立了12个分会，有种粮大户会员10360个，会员经营粮田面积20多万亩，占全市粮田面积80%以上。
2. 与农民签订粮食订单，引导农民生产优质粮食品种，增加农民收入。市粮食收储管理中心作为粮食产业化龙头企业，通过与农民签订粮食收购订单，指导农民种植优质小麦。2001～2003年，粮食订单履约率100%。2004年，由于受粮食市场价格上涨的影响，农民惜售，但粮食订单履约率也在80%以上。近4年来，订单收购农民优质小麦30万吨，累计为农民增收3000多万元。
3. 开拓粮食市场，发展粮食加工和粮食物流业，实现企业盈利。近几年来，市粮食收储管理中心主动外出推销粮食，与北京、广东、福建、上海等粮食主销区的50多家大型用粮企业签订长期粮食销售合同，然后通过协会与农民签订粮食收购订单，建立了稳定的粮食购销关系。2002～2004年，市粮食收储管理中心粮食购销量累计74万吨，实现利润766万元，很好地发挥了国有粮食购销企业主渠道的作用。

第七部分

粮食宏观调控

一、粮食最低价收购政策及执行情况

（一）粮食最低收购价政策的出台

2004年初，国家决定对粮食实行最低收购价政策。3月，《国务院关于抓好粮食生产做好粮食市场供应工作的紧急通知》中提出："在早籼稻市场价格低于每公斤1.4元时，由国家指定的粮食经营企业按每公斤1.4元敞开收购；市场价格高于上述价格时，按实际市场价格收购。"

5月公布的《粮食流通管理条例》中明确规定："当粮食供求关系发生重大变化时，为保证市场供应、保护种粮农民利益，必要时可由国务院决定对短缺的重点粮食品种在粮食主产区实行最低收购价。"

（二）2004年稻谷最低收购价政策执行情况

1.稻谷最低收购价政策和执行预案

国家发展改革委、财政部、国家粮食局、农发行等4部门于2004年3月联合下发了《关于公布早籼稻最低收购价格的通知》，规定早籼稻（三等）最低收购价格为每公斤1.4元。4月，联合下发了《关于公布中籼稻和粳稻最低收购价格的通知》，规定中籼稻（三等）最低收购价格为每50公斤72元，粳稻（三等）为每50公斤75元。6月，联合下发了《关于公布晚籼稻最低收购价格的通知》，规定晚籼稻（三等）最低收购价格为每50公斤72元。

7月，在早籼稻上市之前，国家发展改革委、财政部、农业部、国家粮食局、农发行等5部门联合下发了《关于印发2004年早籼稻最低收购价执行预案的通知》。该预案明确了实行早籼稻最低收购价政策的地区、在早籼稻主产区执行最低收购价政策的收购企业、具体企业（库点）和审定机关以及执行时机和操作程序等。

9月，国家发展改革委、财政部、农业部、国家粮食局、农发行等5部门联合下发了《关于印发2004年中晚稻最低收购价执行预案做好中晚稻收购工作的通知》，对实行中晚稻最低收购价政策的有关事宜做出了具体规定和安排。

2.稻谷最低收购价执行情况及其作用

国家发展改革委、财政部、国家粮食局、农业部、农发行、中储粮总公司等有关部门（单位）于2004年7月、9月先后召开了早籼稻收购工作会议和中晚稻收购工作电视电话会议，就稻谷收购工作进行全面部署，并对执行最低收购价政策等提出了具体要求。国家有关部门还成立了早籼稻收购工作办公室（后改为稻谷收购工作办公室，设在国家粮食局），负责了解汇总各地早、中、晚籼稻和粳稻的收购情况，及时协调解决收购工作中出现的问题。

在各地各有关部门的共同努力下，2004年稻谷最低收购价政策较好地实现了预期的调控目标，对稳定市场粮价发挥了积极的引导作用。另外，最低收购价政策的执行，促进了稻谷收购工作的顺利进行，收购进度快于上年，2004年7～12月，国有粮食企业累计收购稻谷2463万吨，比2003年同期增加343万吨，增幅为16.2%，继续积极发挥了主渠道作用，收购价格都保持在最低收购价水平以上。

二、建立全国粮食安全应急机制

2004年5月颁布的《粮食流通管理条例》对粮食应急工作做出了明确规定。目前，《国家粮食应急预案》已完成了起草、评审等工作。从以下几个方面建立和完善粮食应急体系。

（一）建立粮食应急指挥系统

按照粮食事权的划分，对粮食应急实行中央和地方政府分级负责制。中央政府负责全国性或两个以上省份出现粮食应急状态以及超过省级人民政府处置能力和中央政府认为需要按照国家级粮食应急状态来对待的情况时的应急调控工作。地方政府负责辖区内粮食应急调控工作。中央和地方政府建立粮食应急指挥系统。

（二）建立和完善粮食应急预案

国家发展改革委、国家粮食局会同有关部门制定全国的粮食应急预案。省、自治区、直辖市人民政府根据本地区的实际情况，制定本行政区域的粮食应急预案。

（三）完善粮食风险基金制度

对于实施粮食应急预案所需经费，应由财政部门在粮食风险基金中进行安排，专款专用，并及时足额拨付到位。

（四）建立粮食应急的物质保障体系

一要鼓励各地发展粮食生产，确保粮食市场有稳定的粮源供给；二要完善粮食储备体系，进一步优化中央储备粮的布局和品种结构，加强和充实地方粮食储备，粮食经营企业要保持必要的粮食库存量。

（五）建立对弱势群体粮食供应保障机制

在粮油食品价格上涨过多时，相应提高城镇低收入居民的最低生活费保障标准，或采取发放食品券、定点供应平价粮等，保证低收入居民的生活不因食品价格上涨而下降。

（六）建立粮食市场监测预警系统和应急报告制度

建立粮食监测预警系统，对粮食生产、需求、库存、储备、价格和国际市场动态进行实时监测和动态分析，特别要加强对重大自然灾害和突发事件的跟踪监测，科学制定调控预警指标，实施先兆预警。

（七）建立健全粮食应急供应保障系统

中央和地方各级政府要增加投入，加强全国大中城市及其他重点地区粮食加工、供应和储运等应急设施网络的建设、维护工作，确保应急工作的需要。

（八）建立粮食应急完善机制

粮食应急体系和机制建设要根据形势发展和情况的变化不断加以完善。各级政府和有关部门要及时对应急处理的效果进行评估、总结，对应急预案执行中发现的问题，要研究提出改进措施，进一步完善粮食应急预案，不断提高粮食应急的能力和水平。

三、粮食调控信息系统和电子政务建设

（一）全国粮食调控信息系统项目建设进展顺利

1.办公自动化系统（OA系统）已上线正式运行

全国粮食调控信息系统中的办公自动化系统（OA系统）于2004年12月1日正式上线运行。组织录入了2001～2003年的国家粮食局发文1000多件，完成了上线正式运行的技术培训，印发了OA用户操作手册。

2.全国粮食调控信息系统二期项目开发进入尾声

已完成系统详细需求访谈、业务流程分析和5个司（室）、17个处室的业务子模块的建模和需求分析工作，绝大部分功能需求已形成正式文档，并通过相关处、室的评审和确认；开展了2期业务系统测试培训，目前正在组织各单位进行相关业务子模块的测试用例编写；完成了北京等5省市首批地方粮食局试点的信息化建设情况和需求情况的调研，着手进行省级粮食局接入纵向网、实现国家粮食局与省级粮食局以及省级粮食局之间互联互通纵向网作业方案的初步设计工作。

3.积极参与"金宏"工程和"金农"工程建设

"国家粮食综合信息库及省级粮食局接入纵向网"项目已被列入"金宏"工程一期建设规划，目前正进行粮食综合信息库系统项目的初步设计工作。"金农"工程的粮食系统建设子项目也在上报批复中。

（二）粮食统计信息化建设取得新突破

2004年，国家粮食局有关司委托设计开发了适用于分层管理和单用户需求的"国家粮食统计信息系统"管理应用软件，该软件现已发放到县级以上粮食管理部门，并进行了"国家粮食统计信息系统"软件培训。目前，江苏、山东、安徽、湖北和吉林等省都已经全面使用，效果良好。

（三）粮食行政管理信息系统建设取得重要成果

1.对地理信息系统软件进行了升级

国家粮食局在2004年对该系统进行了全面升级，总体目标是围绕行政管理业务的工作内容，对所涉及的库点和企业数据进行分析、预测、决策和优化。

2.对粮食行政管理信息系统进行了需求调研

粮食行政管理信息系统是国家粮食局2004年申请的中央预算内投资项目——粮油信息中心"局域网网络改造与扩充项目"的一个子项目。目前已初步完成系统需求报告撰写和补充修改工作。

3.推进粮库信息系统试点项目建设

2004年下半年，国家粮食局依托对有关粮库考察总结的相关经验，安排三个新上项目进行信息化试点建设。

4.健全全国粮食标准质量信息服务体系建设

2004年，利用全国粮食质量信息服务体系基础平台，创建"中国粮食标准质量服务网"(http://www.cngrain.org)，并将粮食标准质量工作动态、各地经验、国家强制性粮油标准等信息及时上网，为社会提供公益性的服务。同时全国粮食质量品质测报试点工作向纵深开展，目前已开展向6个试点省265个县扩大使用范围的工作。

（四）政府网站建设进一步完善

政府网站建设已完成了外围设备购置、人员培训、安全系统软件开发和网络通信安装工程，确保了系统正常运转。在此基础上，进一步对主页设置进行调整和充实。经过不断改进和提高，国家粮食局政府网信息更新速度进一步提高，点击率突破250万次，比2003年同期增加80万次，产生了良好的社会效果。

四、中央储备粮代储资格认定

国家粮食局会同国家发展改革委、财政部研究起草了《中央储备粮代储资格认定办法》，国家粮食局发布了《中央储备粮代储资格认定办法实施细则》。《办法》和《细则》于2004年12月1日正式施行，中央储备粮代储资格认定工作全面启动。国家粮食局及时召开了“中央储备粮代储资格认定动员工作会议”，对中央储备粮代储资格认定工作进行了全面部署。

（一）中央储备粮代储资格认定条件

在《中央储备粮代储资格认定办法》及其实施细则中，对代储企业资格应具备的条件做了详细的规定。

规模。对申请代储资格企业最低仓容规定是：粮食类企业同一库区的有效仓容不得小于2.5万吨，油脂类企业的有效罐容不得小于3000吨。

交通条件。规定申请企业“有铁路专用线（专用码头）或公路，交通便利”。对于只有公路运输条件的企业，在实际审核中将条件限制在距离县级公路15公里以内。

周边环境。要求申请企业周边1公里内不能有水泥厂、燃料油库等污染源和危险源，库区能够防御50年一遇的洪水。

仓房条件。要求申请企业具有良好的仓房防水、防潮、密闭性能，并配备通风、计算机测温等设施、设备。

储运设备。要求申请企业必须配备汽车衡等大型计量设备，必须配备至少一条进出仓生产线，至少配备能够满足一个廒间通风作业的通风设备。

检化验能力。要求申请企业必须具备粮食等级检验能力和粮食储藏品质检验能力。

管理水平。规定只审核一些易于量化或便于说明的指标，即企业近两年内是否有违规记录或储粮安全事故，企业主要技术人员配备情况，企业资信情况，企业财务状况。

（二）中央储备粮代储资格认定的程序

中央储备粮代储资格认定程序包括企业进行资格申请、省级粮食管理部门进行资格受理、国家粮食局进行资格审核认定等三个阶段。

拟取得中央储备粮代储资格的企业，必须制作《中央储备粮代储资格申请资料》，并向国家粮食局提出申请。

资格受理实行属地化管理，企业向所在地的省级粮食行政管理部门提出申请，粮食行政管理部门每年定期受理两次，一次安排在5月份，另一次安排在10月份。省级粮食行政管理部门受理后，提出初步意见，报国家粮食局。新疆生产建设兵团、中谷粮油集团公司、中国粮油食品集团有限公司、大连北良公司负责直属企业的资格受理工作。

资格审核工作由国家粮食局负责。为保证审核工作质量，国家粮食局成立由资深专家组成的审核专家委员会和工作组负责具体的审核工作。审核的初步结论上网公示，广泛征求意见。对审核有疑问的情况，还要到现场进行核查。

（三）中央储备粮代储资格认定的结果

经审核取得中央储备粮代储资格的企业，由国家粮食局发文认定，并颁发中央储备粮代储资格证书，相关信息同时在国家粮食局政府网和指定媒体公布。

截至目前，共有1739家企业提出代储资格申请，经审核已有1170家企业取得代储资格，其中粮食类1052家，取得资格仓容5994.2万吨；油脂类118家，取得资格罐容153.8万吨。

（四）中央储备粮代储资格的管理

一是定期或不定期的对代储资格企业进行抽查，抽查的重点是企业申报材料是否真实可靠、各项条件是否达到规定要求；二是规定了资格的有效期限，中央储备粮代储资格的有效期为5年，到期后要重新审查；三是要求取得代储资格企业将资格证书悬挂于明显位置，存储中央储备粮的仓房还要悬挂证牌，接受社会监督；四是适时开展监督检查。

五、国家粮食流通统计制度

2004年9月，国家粮食局制定了覆盖全社会的《国家粮食流通统计制度》。该制度经国家统计局审核批准后，于2005年1月1日起正式开始执行。

（一）《国家粮食流通统计制度》的主要内容

在统计内容上涵盖了粮食流转、仓储、粮油加工业和粮食行业机构人员四个方面，形成了相对完备的统计调查体系。

（二）《国家粮食流通统计制度》的主要特点

在统计范围上，打破了部门界限，将统计对象扩大到所有粮食经营者和用粮企业；在统计内容上，将全社会粮食供需平衡调查作为市场化条件下粮食统计工作的一项重要内容；在调查方法上，综合运用了全面调查、重点调查和抽样调查等方法；在制度执行方面，突出了依法开展粮食统计工作。

专栏6　食品消费多样性与粮食安全

国际食物政策研究所（IFPRI，International Food Policy Research Institute）在一项研究中，从“大粮食”观念考虑粮食安全问题。该研究运用了来自10个国家（印度、菲律宾、莫桑比克、墨西哥、孟加拉国、埃及、马里、马拉维、加纳、肯尼亚）的数据，分析了消费多样性与粮食安全的关系。研究人员对城乡居民在24小时内消费的食品种类（包括各种大宗粮食、杂粮、食油、肉、蛋、奶、水果、蔬菜等）进行统计，并把消费的食品种类定义为食品消费多样性水平，如居民在24小时内只消费了大米、食油、菠菜、苹果、猪肉，则食品消费多样性水平为5。研究发现，消费多样性水平每提高1个百分点，居民获得食物的能力就提高1个百分点，与此同时，居民的卡路里获得能力提高0.7%，其中来自大宗食品的卡路里获得能力提高0.5%，来自非大宗食品的卡路里获得能力提高1.4%。也就是说，一个国家居民的食品消费品种越丰富，其食物需求总量就会减少，保障粮食安全的压力也会相应降低。

资料来源：Hoddinott, John and Yohannes, Yisehac, Dietary diversity as a food security indicator, FCND (Food Consumption and Nutrition Division) discussion paper No. 136, IFPRI, 2002.06。

第八部分

粮食行业发展

一、粮油加工业发展

（一）基本情况

2004年，全国纳入统计（以下称入统）规模以上的粮油加工企业8546个，比2003年减少4231个。其中国有及国有控股企业1949个，占22.8%，比2003年减少2.4个百分点；外商及港澳台商投资企业105个，占1.2%，比2003年增加0.5个百分点；民营企业6492个，占76.0%，比2003年增加1.9个百分点。

入统企业现价工业总产值2459亿元，产品销售收入2445.2亿元，出口交货值50.2亿元，利润总额17.5亿元，分别比2003年统计数增长47.4%、49.5%、104.9%和-47.9%；总资产负债率73.2%，年末从业人数34.8万人（见图8-1、图8-2、图8-3）。

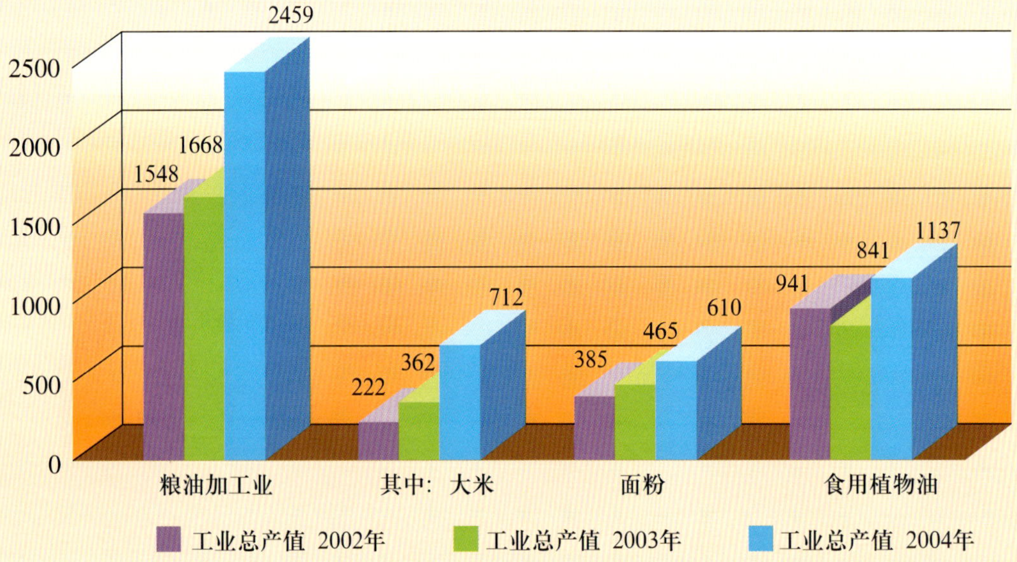

图8-1 2002～2004年粮油加工业总产值（亿元）

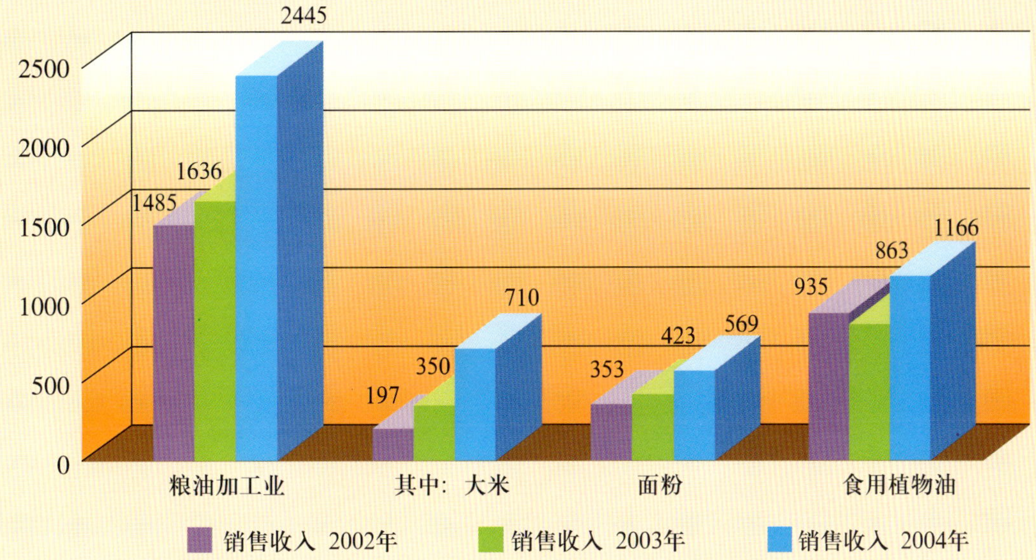

图 8-2　2002～2004 年粮油加工业销售收入（亿元）

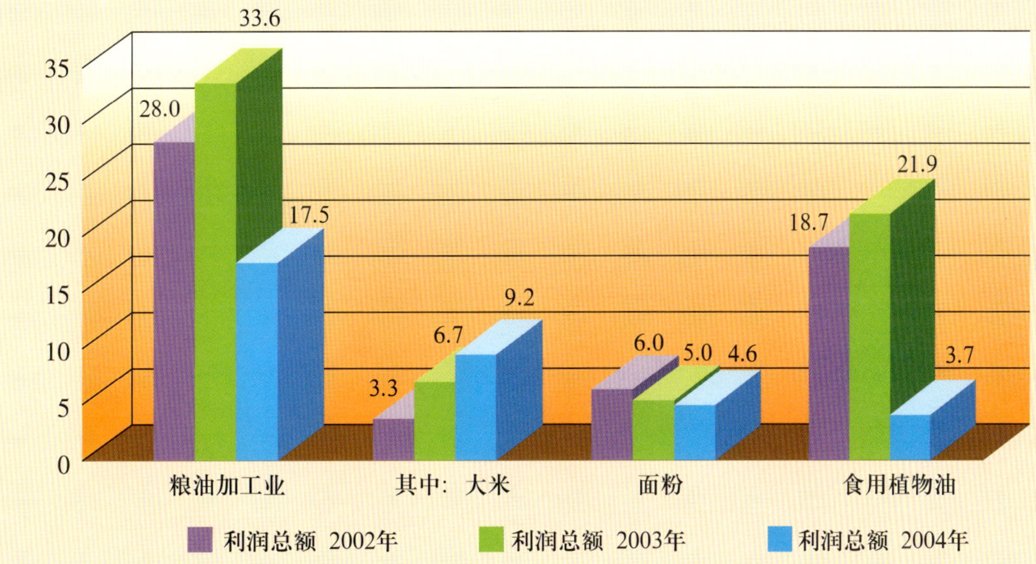

图 8-3　2002～2004 年粮油加工业利润总额（亿元）

按现价工业总产值排序，前 10 位的省份依次是：河南、江苏、山东、河北、安徽、黑龙江、湖北、广东、福建、辽宁。总产值超过 100 亿元的有 9 个省，其中河南、江苏、山东均超过 300 亿元。

1.大米加工业

2004 年，全国入统规模以上大米加工企业 5666 个，年生产能力 9463 万吨，其中：日加工能力 100 吨以下的 4741 个，100～200 吨 754 个，200～400 吨 123 个，400～1000 吨 38 个，1000 吨以上的

10个。在入统企业中，国有及国有控股企业1228个，占21.7%；外商及港、澳、台商投资企业23个，占0.4%；民营企业4415个，占77.9%（见表8-1）。

表8-1 不同规模大米加工企业数及比例

单位：个，%

日生产能力	2002年		2003年		2004年	
	企业数	所占比例	企业数	所占比例	企业数	所占比例
合计	8991	100.0	7815	100.0	5666	100.0
100吨以下	8481	94.3	7099	90.8	4741	83.7
100～200吨	430	4.8	607	7.8	754	13.3
200～400吨	71	0.8	89	1.1	123	2.2
400～1000吨	8	0.1	19	0.2	38	0.7
1000吨以上	1		1		10	0.2

入统企业大米加工总产量2257.1万吨，其中特等米764.2万吨，占33.9%；标准一等米1310.2万吨，占58.1%；标准二等米139.2万吨，占6.2%。总产量超过100万吨的有湖北、江西、黑龙江、江苏、安徽、四川、福建、辽宁、广东等9个省，其中湖北省323.2万吨，江西省262.5万吨，黑龙江省219.2万吨（见图8-4）。

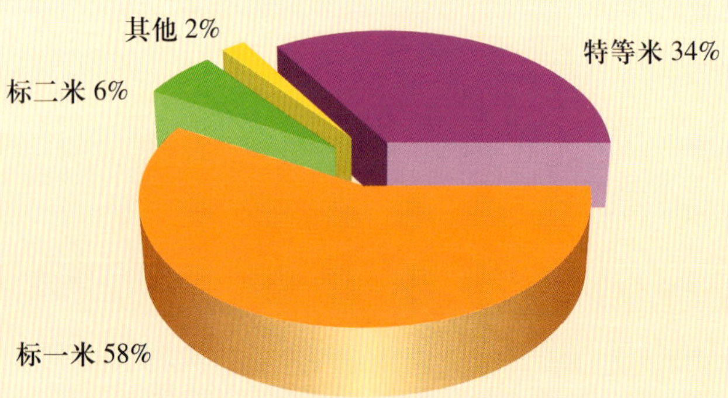

图8-4 2004年大米产品构成

入统企业现价工业总产值712亿元，产品销售收入709.5亿元，出口交货值5.3亿元，利润总额9.2亿元，资产总计335.3亿元，负债合计240.9亿元，资产负债率71.9%，年末从业人数11.5万人。

2.小麦粉加工业

2004年，全国入统规模以上小麦粉加工企业1990个，年生产能力6508万吨，其中日加工能力100吨以下的1184个，100～200吨460个，200～400吨236个，400～1000吨95个，1000吨以上15个。在入统企业中，国有及国有控股企业520个，占26.1%；外商及港、澳、台商投资企业36个，占1.8%；民营企业1434个，占72.1%（见表8-2）。

表 8-2 不同规模面粉加工企业数及比例

单位：个，%

日生产能力	2002 年		2003 年		2004 年	
	企业数	所占比例	企业数	所占比例	企业数	所占比例
合计	6591	100.0	3469	100.0	1990	100.0
100 吨以下	5875	89.1	2681	77.3	1184	59.5
100～200 吨	454	6.9	508	14.6	460	23.1
200～400 吨	215	3.3	193	5.6	236	11.9
400～1000 吨	43	0.7	77	2.2	95	4.8
1000 吨以上	4	0.1	10	0.3	15	0.8

入统企业小麦粉加工总产量2938.1万吨，其中特制一等粉1215.3万吨，占41.4%；特制二等粉781万吨，占26.6%；标准粉342.8万吨，占11.7%；专用粉380.4万吨，占13%。总产量超过100万吨的有河南、山东、江苏、河北、广东、安徽、陕西、福建8个省，其中河南省747.5万吨，山东省464.7万吨（见图8-5）。

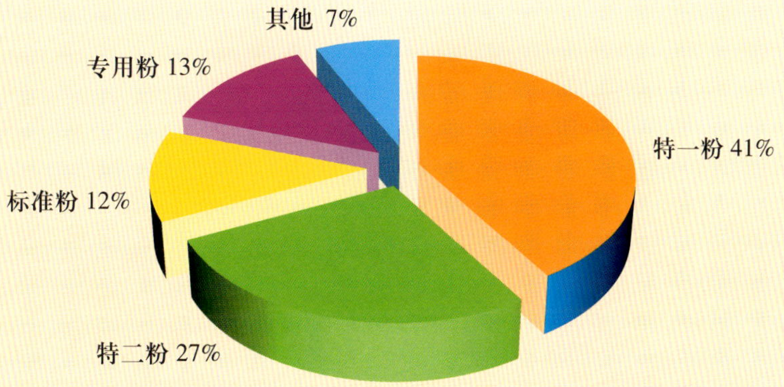

图 8-5 2004 年面粉加工产品构成

入统企业现价工业总产值610.4亿元，产品销售收入569.4亿元，出口交货值5.1亿元，利润总额4.6亿元，资产总计326亿元，负债230.5亿元，资产负债率70.7%，年末从业人数11.6万人。

3.食用植物油加工业

2004年，全国入统规模以上食用植物油加工企业890个，年生产能力为油料处理5138万吨，精炼1460.5吨。其中日处理能力100吨以下475个，100～200吨187个，200～400吨107个，400～1000吨74个，1000吨以上47个。在入统企业中，国有及国有控股企业201个，占22.6%体户；外商及港、澳、台商投资企业46个，占5.2%；民营企业643个，占72.2%（见表8-3）。

表 8-3　不同规模食用植物油加工企业数及比例　　单位：个，%

日生产能力	2002 年		2003 年		2004 年	
	企业数	所占比例	企业数	所占比例	企业数	所占比例
合计	5169	100.0	1493	100.0	890	100.0
100 吨以下	4670	90.3	1095	73.3	475	53.4
100～200 吨	296	5.7	224	15.0	187	21.0
200～400 吨	108	2.1	87	5.8	107	12.0
400～1000 吨	68	1.3	50	3.3	74	8.3
1000 吨以上	27	0.5	37	2.5	47	5.3

入统企业食用植物油加工总产量953.8万吨，其中大豆油527.7万吨，占55.3%；菜籽油230.8万吨，占24.2%；花生油53.3万吨，占5.6%；棉籽油35.5万吨，占3.7%；其他油脂106.5万吨，占11.2%。在总产量中，一级油346.8万吨，占36.4%；二级油211.5万吨，占22.2%；三级油68.7万吨，占7.2%；四级油190.3万吨，占20%；其他136.5万吨，占14.3%。总产量超过50万吨的有江苏、山东、上海、福建、湖北、河南、河北、浙江等8个省（市），其中江苏省达170.9万吨，山东省达117.9万吨（见图8-6、图8-7）。

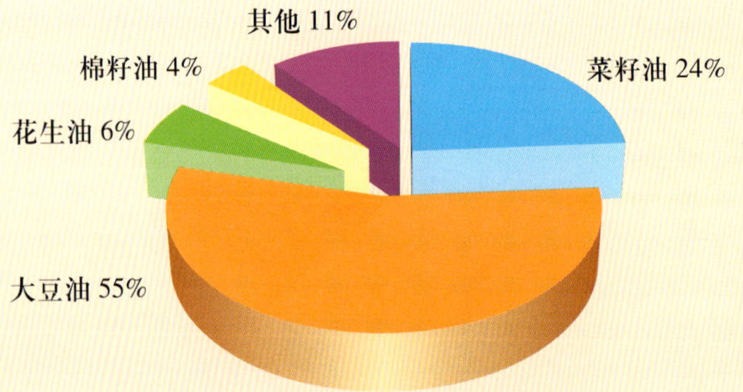

图 8-6　2004 年食用植物油产品构成（按品种）

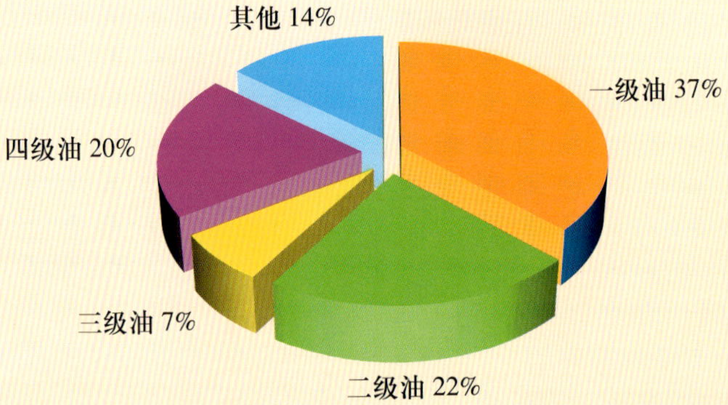

图 8-7　2004 年食用植物油产品构成（按等级）

入统企业总产值1136.6亿元，产品销售收入1166.2亿元，出口交货值39.8亿元，利润总额3.7亿元，资产总计732.8亿元，负债合计548.4亿元，资产负债率74.8%，年末从业人数11.7万人。

（二）主要特点

1. 企业规模逐步扩大，生产集中度明显提高

随着市场竞争的加剧和企业结构的调整优化，粮油加工企业数量有所减少，规模有所扩大。2004年，入统规模以上企业共8546个，比2003年减少33.1%，但总产量、总产值、销售收入等均高于2003年，平均每家企业年销售收入达2861万元，比2003年的1280万元增加1581万元。

在大米加工企业中，日加工能力400吨以上的大型米厂达48个，其中1000吨以上的达10个。年产量超过5万吨的企业有47个，其中超过10万吨的有17个。前30名企业大米总产量达385.4万吨，占全部入统企业大米总产量的17.1%，比2003年提高7.6个百分点。

在小麦粉加工企业中，日加工能力400吨以上的大型面粉厂达110个，其中1000吨以上的达15个。年产量超过5万吨的企业有97个，其中超过10万吨的有39个。前30名企业小麦粉总产量达843.2万吨，占全部入统企业小麦粉总产量的28.7%，比2003年提高5.2个百分点。

在食用植物油加工企业中，日加工能力400吨以上的大型油厂达121个，其中1000吨以上的达47个。年产量超过5万吨的企业有38个，其中超过10万吨的有18个。前30名企业总产量达719万吨，占全部入统企业食用植物油总产量的75.4%，比2003年提高11.2个百分点。

2. 产品结构继续调整优化，质量和档次进一步提高

2004年，特等米在大米中所占比重达到33.9%，比2003年提高2.1个百分点；特一粉、专用粉在小麦粉中所占比重分别达到41.4%和13%，分别比2003年提高2.8个百分点和0.5个百分点；一级油、二级油在食用植物油中所占比重合计达到58.5%，比2003年提高14.5个百分点。从整体上看，大米和食用植物油产品合格率均达到90%以上，小麦粉合格率由2001年的40%左右上升到目前的70%左右。

3.名牌工程步伐加快，品牌效应明显增强

粮油加工业积极实施名牌工程，大力培育和宣传知名企业和品牌，普遍增强了企业的质量意识和品牌意识，推动了经营管理水平和产品质量水平的提高。2004年，国家质检总局和中国名牌战略推进委员会将大米和小麦粉列入中国名牌产品评价目录，经过严格评价，共有7种大米产品和13种小麦粉产品被授予“中国名牌产品”称号。

（三）行业管理

2004年，国家粮食局组织编制了《粮油加工业“十一五”发展规划》。规划明确了粮油加工业“十一五”发展的指导思想和原则以及发展目标；研究提出了粮油加工业“十一五”发展的结构调整、优化布局、财政贴息等政策支持的重点项目以及促进粮油加工业发展的主要措施；列出了粮油加工业“十一五”政府投资的指导目录。

（四）主要问题

1. 受国际大豆市场价格波动影响，食用植物油加工业经济效益大幅下降，部分企业亏损严重

2004年，食用植物油加工业实现利润总额3.7亿元，比2003年减少18.2亿元，主要原因是部分企业对国际大豆市场价格走势判断失误，盲目进口，导致一部分进口大豆价格过高，企业严重亏损。

2.产品质量有待进一步提高

小麦粉产品合格率虽比前几年有较大提高，但仍不尽如人意，主要问题仍然是增白剂超标。此外，少数大米和食用植物油产品也存在黄曲霉毒素B_1或酸值、过氧化值、溶剂残留量超标问题。

二、粮油食品安全体系建设

（一）城乡粮油食品安全现状和存在的主要问题

2004年，国家粮食局有关部门对全国城乡粮油食品安全状况进行调查，共检测粮油2311批次，质量合格的2184批次，合格率94.5%，比2003年提高26.5个百分点。分品种情况是：大米合格率96.8%，食用油合格率93.7%，面粉合格率71.8%。

粮油食品的安全状况虽然趋于好转，但存在的问题仍然不容忽视。一是绝大多数农村粮油加工小作坊，设备简陋，环境卫生状况很差，难以保证产品质量；二是部分生产经营者采取不正当手段，掺杂做假，使某些不良粮油产品流入市场，危害广大消费者身体健康；三是消费者特别是农村消费者普遍缺少粮油食品安全科学知识，自我保护意识较差。

（二）积极推进城乡粮油食品安全工作

1.继续实施“放心粮油工程”

各省市开展放心粮油宣传月活动。截至2004年，中国粮食行业协会分四批共推出放心粮油产品1690个，涉及企业910个；推出粮油销售放心店47个。

2.启动放心粮油进农村活动

2004年，全国各省粮食行业协会动员粮油加工经营企业产销更多的放心粮油，让适销对路的放心粮油进入农村千家万户。

3.积极建设粮油食品安全信用体系

中国粮食行业协会制定并下发了《粮食行业粮油食品安全信用体系建设试点工作方案》，确定了39家基础较好、条件成熟的企业作为试点企业。发布了《粮食行业粮油食品安全信用管理规范》，组织起草了大米、面粉、食油三个加工行业的《生产技术管理规范》和《企业经营档案示范文本》。

三、粮食会展业的发展

粮食会展业已初步形成，办展数量呈递增趋势。已创出自己的会展品牌，如“中国粮油精品展”。2004年全国举办有规模的各类综合和专业性的展览会、交易会共9个，展览总面积共计约22400平方米，展位总数1005个，参展企业总数1488个。

2004年举办的粮食会展活动，粮油交易总量641.3万吨，交易总额124.3亿元（含意向交易），其中机械设备交易总量392台套，总金额11776万元。

第九部分

粮食基础设施与市场建设

一、粮食行业“十一五”规划

2004年国家粮食局根据《国务院关于投资体制改革的决定》精神，组织各省(区、市)粮食局和部分省发展改革委，编制了《粮食流通基础设施建设“十一五”规划》(初稿)。

(一)我国粮食流通基础设施现状及存在问题

新中国成立以来，粮食流通基础设施建设不断取得进展。特别是1990年以来利用世界银行贷款和三批国债资金，投资建设了一大批设备先进、技术含量高的粮食流通基础设施，缩小了同世界发达国家粮食流通设施技术和管理的差距。截至2004年底，全国共有粮库22799个，总仓容28005万吨，其中有效仓容25018万吨。仓容不足、存储压力大的矛盾得到了初步缓解。现有有效仓容中，平房仓占总仓容的87.6%，浅圆仓、立筒仓等具有一定机械化功能和“四散”作业能力的仓型总量增长，比例达到了9.8%。

粮食散储已得到广泛应用，比例由1978年以前的70%上升到2004年底的91.7%，粮食的收购、储存、运输、装卸、清理、计量、包装、品质检验等设施、设备进一步完善，储粮新技术得到了较好应用。全国平均24.4%的仓容配置了环流熏蒸设备，46.5%的仓容实现了计算机测温，64.6%的仓容实现机械通风。

利用国债专项资金、预算内资金和地方配套资金，为省级粮食质量检验机构配备了一批先进的仪器和设备，使多数省级粮食质量检验机构成为当地技术和设备先进的粮食质量检验单位。此外，在新建成的1000多个国家储备粮库中，也配备了粮食检验检测仪器18.6万台套。

粮食流通基础设施建设也存在一些问题，主要是流通方式仍以包装为主，耗材多，成本高；粮食的快速调运、接卸能力不强；粮油化学检验、卫生检验设备不足，信息传递手段不能满足实际需要；粮库仓型结构不尽合理，平房仓比例偏高，不利于实现机械化和自动化作业；主产区与主销区粮库仓容分布不协调，粮食流通基础设施投资缺乏持续性和稳定性。

(二)“十一五”规划的目标和原则

1.规划的目标

规划提出全国粮食流通基础设施整体功能提升和系统发展的建设方案。经过“十一五”建设，到2010年，全国粮食流通基础设施的布局和功能得到明显改善和提高；通过整合提升现有设施的整体功能，初步建立比较完善的粮食流通公共服务体系和重点区域现代粮食物流体系。

2.基本原则

(1) 全面协调。打破行政区划界限，按照市场经济规律和粮食经济区划，使粮食流通基础设施在粮食收购、销售、储存、运输、检测和信息处理等环节和谐地发挥作用。

(2) 重点突破。优先解决涉及国家粮食安全和宏观调控中存在的主要问题。

(3) 促进粮改。规划项目和内容适应进一步深化粮食流通体制改革的要求，能够使国有粮食购销企业切实转变经营机制，发挥主渠道作用。

(4) 市场导向。充分发挥市场在配置粮食资源方面的基础性作用。大多数项目的投资由市场引导，企业自主决策；积极拓宽项目融资渠道，发展多种融资方式。

(5) 节约资源。严格执行耕地保护制度，依法保护生态环境，减少不可再生资源的使用。

(6) 注重效益。经济效益、社会效益兼顾。

(7) 技术先进。积极采用先进、适用、成熟的技术。技术水平起点既要适应我国的国情和粮情，又要着眼于未来发展。

(8) 先行试点。对未经实践检验的项目，坚持因地制宜，先进行试点，分步实施，在解决相关问题和取得成功经验后，再扩大规模，逐步推广。

(三) 粮食流通总体布局

根据粮食主产区、主销区和产销平衡区粮食生产与消费的特点，分别提出粮食流通优化布局方案。

1.粮食主产区

"十一五"期间，东北玉米、稻谷、大豆三大粮食品种主产区依靠发达的铁路运输网络和较好的粮食流通基础设施条件，进行现代粮食物流试点项目。

黄淮海小麦主产区。依托较为发达的公路网络，主要发展粮食汽车散运，并进行铁路、公路和水路粮食散装无缝化连接试点。

长江流域稻谷主产区。依托铁路干线、发达的公路网络和长江水运体系，进行内河、公路与铁路运输的物流无缝连接试点。

新疆潜在粮食产区。加大旧仓改造力度，提升粮食发放接卸机械化能力，有步骤地提高粮食流通设施信息网络化水平。

2.粮食主销区

"十一五"期间，建设粮食安全预警监测点；在长江三角洲和珠江三角洲地区建设与东北地区粮食发放系统功能匹配、标准统一的散粮接卸设施，进行公、铁、河、海现代物流无缝化连接试点，进行平房仓机械化能力改造，提高散粮接卸和机械化作业能力；加快粮食流通信息网络化设施配套项目建设及系统平台运行软件建设；在主要特大城市建设一批成品粮库及其相应配套设施。

3.粮食产销平衡区

"十一五"期间，突出运用信息技术改造传统粮食产业的作用，主要通过粮食流通信息网络化项目及相应配套设施建设和功能提升、基础数据传输的标准化工程，解决各级粮食行政管理部门和基层粮食购销企业的数据对接，以提高粮食产业现代化水平。适时进行现代粮食物流试点建设，稳妥发展粮食公路运输，少量试点汽车散运。

(四) 主要建设项目

"十一五"期间，粮食流通基础设施将主要建设国家粮食安全预警项目、粮食流通信息网络化项目、粮食流通应急设施项目、全国粮食检验检测项目、现代粮食物流试点项目、新型粮食批发市场项目、旧仓改造和简易储粮设施建设等七大类项目。

二、粮食现代物流体系建设

为指导今后10年全国粮食现代物流体系建设，国家发展改革委、国家粮食局于2004年开始共同编制《全国粮食现代物流规划》，主要内容有以下几点：

(一) 基本任务

建设主要跨省（区、市）粮食物流通道；完善重要粮食物流节点；发展散粮火车、散粮汽车、散粮集装箱、集装袋无缝化连接的运输方式；建立和完善粮食综合批发市场体系；逐步建立粮食物流公共信息平台；建立粮食物流标准体系；支持和鼓励新技术开发等。

(二) 粮食物流通道

重点建设东北地区粮食流出通道；黄淮海地区小麦流出通道；长江中下游和四川稻谷流出、玉米流入通道；东南沿海粮食流入通道；京津地区粮食流入通道。

（三）规划建设项目

包括沿海散粮港口中转库项目，内陆散粮中转库项目，散粮运输工具项目，散粮接收发放设施项目，粮食平房仓机械化出仓设施项目，粮食物流公共信息平台建设项目，粮食物流标准体系建设项目，新建和改建粮食仓储设施项目，粮食综合批发市场项目，以及粮食检验检测设施项目等。

三、粮食市场体系建设

（一）各类粮食市场发展状况

1.粮食现货市场

2004年，粮食流通体制改革进一步促进了粮食市场体系的发展。《粮食流通管理条例》和配套规章颁布实施，使粮食市场管理有法可依，有章可循。国家发改委继续拨专款用于粮食批发市场基础设施建设。同时，很多地方政府也投入一定数量的资金，对当地粮食批发市场进行扩建和升级改造。国家粮食局继续加大对粮食批发市场的指导。这些政策措施有力地推动了包括批发和集贸市场在内的粮食现货市场的规范、有序、快速发展。

全国大中型粮食批发交易市场稳步发展，在大宗粮食批发贸易尤其是政策性粮食采购和销售中起到了重要作用。以批发、零售成品粮油为主的成品粮批发市场呈现快速发展势头，目前已成为大中城市粮食供应的重要购销渠道，在满足城市居民生活需要、稳定粮食价格等方面发挥了重要作用。在粮食购销市场化的新形势下，粮食集贸市场平稳发展，在各粮油品种的小量余缺调剂、成交价格等方面具有较大优势，深受城镇居民欢迎。

2.粮食期货市场

2004年，我国粮食期货市场呈现良好的发展势头。国务院发布《关于推进资本市场改革开放和稳定发展的若干意见》以及《进一步深化粮食流通体制改革》后，有力地促进了粮食期货市场的平稳发展。玉米期货合约和黄大豆2号期货合约相继在大连商品交易所挂牌交易，进一步丰富了粮食期货品种。受国内外各种因素影响，粮食期货市场价格波动剧烈，交易更加活跃。2004年我国粮食期货合约共交易21854万手，交易金额达58824亿元，均比2003年有较大幅度增长。我国粮食期货市场与国内外市场的联系更加紧密，发现价格和规避风险功能进一步加强，正逐步进入健康、全面平稳发展时期。

（二）进一步健全粮食市场体系，完善市场配置粮食资源机制

目前粮食市场体系的建设与发展还面临一些问题，进一步健全和完善粮食市场体系，要着重抓好几个方面：一是搞好规划和指导，加大对粮食批发市场的扶持力度，促进各层次粮食批发市场发展；二是促进各类粮食企业转换机制，搞活经营，提高竞争力，强化企业作为市场主体的作用；三是各级粮食行政管理部门要及时转变职能，加强市场监管，改善宏观调控，提高行政效率；四是积极探索构建稳定、长效产销衔接新机制，推动粮食行业诚信经营；五是促进各层次市场有效联结机制形成，发挥市场的协同作用；六是着力培育和发展农民合作、经纪组织等中介机构，充分发挥行业协会的作用。

第十部分

粮食教育科研

一、粮食行业教育培训和职业技能鉴定

（一）业务培训

2004年，围绕粮食流通中心工作，国家粮食局共组织举办培训班17期，近4000人次受到培训。根据《2004年面向全国粮食行业培训计划》，共举办中央储备粮代储库主任学习贯彻《中央储备粮管理条例》培训班7期，基本达到让所有代储企业都有人参加培训的要求。按期顺利完成了3期中央储备粮代储资格认定申请企业共1859人的培训任务。举办由各省粮食行政管理部门负责人学习贯彻《粮食流通管理条例》研讨班1期。另外，首次在京专门为新疆粮食系统举办了粮食流通管理研讨班。

成立了粮食行业教育培训教材编审组。编写出版了《粮食流通管理条例培训教程》，标志着行业培训教材建设迈出了实质性的步伐。

（二）职业技能鉴定工作

2004年，劳动和社会保障部批准成立国家粮食局职业技能鉴定指导中心，印发了《粮食行业特有工种职业技能鉴定实施办法（试行）》，批准国家粮食局将粮油购销员、粮油信息员、粮油竞价交易员、粮油保管员、粮仓机械员、粮库中央控制室操作工、粮油质量检验员等7个职业列入粮食行业特有职业范围。包括原有的制米工、制粉工、制油工3个职业，目前粮食行业已有10个特有职业。

国家粮食局印发了《关于开展粮食行业特有工种职业技能鉴定工作有关事项的通知》，决定在粮食行业首批开展粮油购销员等7个特有工种职业技能鉴定工作，组建了国家粮食局职业技能鉴定指导中心。同时，开展全行业申报职业技能鉴定工作。

2004年国家粮食局正式启动了7个粮食行业特有工种国家职业标准的编写工作，组织召开了粮食行业特有工种职业技能鉴定题库开发和培训教材编写工作会议。

（三）粮食行业教育培训机构

现有省级粮食行政管理部门所属高等职业院校2所，中等专业学校65所，职业学校和技工学校17所，各类干部职工学校和培训中心133家。2004年各类教育培训机构有专职教师5139名，在校学生114583名。在校学生1000人以上的35家，一些中等专业学校在校生规模近8000人。

二、粮食行业科技进步与创新

（一）构建粮食行业科技创新体系，批准组建国家粮食局"粮食物流"、"粮油食品"等10个行业工程技术研究中心

1. 推进体制创新，粮食行业公益类科研院所体制改革取得新进展

国家粮食局科学研究院等非营利性科研机构组建工作迈出了实质性步伐，2004年顺利推进了

结构调整等任务，一支稳定服务于粮食行业社会公益类事业的精干科研队伍正在形成。指导中谷粮油集团公司5个转企科研院所改革工作，转企科研院所活力明显增强。

2.批准组建10个行业工程技术研究中心

国家粮食局批准依托9个粮食科研院所、院校和1个中储粮总公司直属库，分别组建了“粮食物流”等10个行业工程技术研究中心，加强应用型粮食科技成果的工程化、集成化和产业化，进一步增强粮食行业科技成果转化能力建设。

（二）组织实施国家重点科研计划，加强粮食行业共性关键技术研究开发

2004年度国家粮食局共受理粮食行业科技项目156项，组织申报国家科技项目98项，获批准立项31项（见表10-1）。

表10-1　2004年度国家粮食局国家科技计划项目立项统计表

	国家科技攻关计划	国家科技基础条件平台专项	农业成果转化计划	科技成果推广计划	星火计划	火炬计划	重点新产品计划	开发研究专项	软科学研究计划	合计
2004年	14项	1项	4项	1项	7项	1项	1项	1项	1项	31项

1.参与“粮食丰产科技工程”

“粮食产后减损增效共性技术集成示范与研究”3个课题列入“十五”国家科技攻关“粮食丰产科技工程”重大项目（见表10-2）。

表10-2　“粮食丰产科技工程”重大项目产后减损增效课题汇总表

	课题名称	子课题
课题一	减少三大粮食作物农户储粮损失技术集成与示范	①长江中下游稻谷整仓干燥新技术开发与示范 ②长江中下游远红外线稻谷干燥新技术研究与开发 ③东北农户玉米储藏减损技术集成与示范
课题二	稻谷高效干燥与玉米储运减损增效技术开发与示范	①长江中下游稻谷整仓干燥新技术开发与示范 ②粮库玉米储运减损关键技术的开发与示范 ③长江中下游远红外线稻谷干燥新技术研究与开发
课题三	稻谷小麦玉米保质储藏与虫霉监测新技术的研究与开发	①偏高水分玉米、稻谷保质储藏技术研究与开发 ②粮库储粮害虫监测技术的研究与开发 ③粮库储粮霉菌监测技术的研究与开发

2. 组织绿色储粮关键技术攻关

“粮油储藏安全保障关键技术研究开发与示范”项目中8个课题列入了“十五”国家科技攻关计划（见表10-3）。

玉米真空低温干燥进行40t /d第一次中试取得了成功，硅藻土物理防护剂在不同区域开展了实仓试验，开发了脂肪酸快速检测仪等新仪器。

表10-3 “粮油储藏安全保障关键技术研究开发与示范”重点项目课题汇总表

	课题名称
课题一	东北玉米低温真空干燥新技术研究与开发
课题二	太阳能低温储藏稻谷综合技术研究开发与示范
课题三	无公害储粮杀虫剂应用技术研究开发与示范
课题四	储粮微生物活性快速检测与控制技术研究与开发
课题五	粮食杂质检测及自动滴定技术研究与开发
课题六	油脂质量快速检测技术研究与开发
课题七	粮食（稻谷和玉米）新陈判别与油脂储藏稳定性快速检测技术研究与开发
课题八	我国粮油储藏安全保障技术体系及发展战略研究

3. 参与“农产品现代物流技术研究开发与示范”重点项目

“粮食现代物流信息平台研究开发”课题、“粮食现代物流发展策略研究”子课题列入了“十五”国家科技攻关项目“农产品现代物流技术研究开发与示范”。

4. 增强粮食流通科技成果转化

2004年组织7项科技项目分别列入2004年科技产业化环境建设计划（见表10-4）。

表10-4 2004年国家科技产业化环境建设计划项目汇总表

计划类别	项目名称
国家农业科技成果转化计划	食品专用粉后处理设备中试
国家农业科技成果转化计划	电子式粉质仪转化
国家农业科技成果转化计划	新型双螺旋榨油机中试
国家农业科技成果转化计划	木瓜复合发酵果醋酿造技术中试
国家重点科技成果推广计划	FZX 防破碎自流式卸料器
国家重点新产品计划	62%2.4—异辛酯乳油
国家星火计划	连续式触媒远红外谷物干燥机开发

5. 粮油深加工高技术产业化项目初见成效

“18万吨蒸谷米深加工及副产品综合利用项目”和“粮食增值转化——无水葡萄糖等高技术产业化示范项目”已建成投产，并取得了良好的效益。

6. 加强粮食行业社会公益研究

中国粮食研究培训中心申报的“21世纪初期中国粮食安全发展战略与对策研究”项目，已列入科技部2004年度国家软科学研究计划。紧密配合《粮食流通管理条例》的实施，“我国粮油储藏及加工技术标准研究”项目列入2004年国家科技基础条件平台工作专项等重点项目。“我国储粮真菌毒素污染防控与削减技术研究”、“油脂加工危害食用安全因素监控及对策研究”两个项目已列入2004年度国家社会公益研究工作专项。

（三）粮食行业科研工作取得一批新的科技成果

2004年度国家粮食局验收（鉴定）登记的科技成果34项。在粮食储运、糙米进城、粮油检测仪器等方面取得了一批新的科技成果，组织汇编了《国家科技项目管理办法文件汇编》，组织开发了“粮食科技成果库”并在网上试运行，包括1991～2004年粮食行业科技成果简介300多项。

（四）科技信息交流促进粮食行业科技进步

1. 粮食科技期刊信息交流

《粮食与饲料工业》、《中国油脂》、《粮食储藏》、《粮油仓储科技通讯》、《粮食流通技术》、《粮油食品科技》、《粮食与食品工业》等7个科技期刊2004年度年总发行量为21.5万册，为粮食行业新技术的推广和科技进步发挥了积极作用。

2. “2004年国际粮油食品安全研讨会暨展示会”成功举办

2004年6月，中国粮油学会、国际谷物科技协会（ICC）、美国谷物化学家协会（AACC）、美国谷物油脂化学家协会（AOCS）在上海共同举办了此次会议。与会代表300余人，其中外宾50多人。交流论文133篇。

三、国际合作与交流

（一）考察国外粮食管理的先进经验和技术

2004年，国家粮食局组织有关人员分赴美国、巴西、加拿大、墨西哥、澳大利亚、印度尼西亚、南非、埃及、古巴、阿根廷等有关国家考察粮食流通体制和粮食管理政策，以及粮食储藏、检测、加工技术等。各考察团顺利完成考察任务，取得了较好效果。

（二）热情接待国外来访的团组

2004年，国家粮食局分别接待了巴西农业部、加拿大谷物委员会、韩国粮食流通委员会、美国农业部、日本农林水产省等政府高级代表团以及澳大利亚小麦局、美国小麦协会、加拿大小麦局、法国粮食出口协会、美国大豆协会、丹麦福斯仪器公司、瑞典波通仪器公司、日本静岗机械株式会社等企业高级代表团。国家粮食局领导向外宾介绍了中国粮食供求形势和粮食流通体制改革情况，使他们对中国的粮食供需和市场情况有了正确的了解，双方都希望今后进一步加强交流与合作。

（三）粮食行业对外交流与合作

2004年国家粮食局向加拿大国际开发署申请到“中国西部地区退耕还林粮食供应问题的政策研究”项目，中国专家分两批赴加拿大考察，加拿大也派专家到中国考察，并在中国对100名有关人员进行培训。国家粮食局向联合国环境署申请到“粮食仓储行业淘汰甲基溴项目”，借鉴甲基溴替代技术的设备投资、技术援助和对有关粮库技术人员进行培训。国家粮食局向国家外专局申请到引进国外智力的资助，分别邀请10多位美国、加拿大、澳大利亚、日本等国的专家来华介绍粮食储藏、检验和深加工等方面的先进技术。

国家粮食局有关单位还分别在南京举办了“首届中国国际粮油企业发展论坛”；在上海举办了“2004上海国际粮油食品安全研讨会暨展示会”；在大连举办了“亚太地区食品流通机构联合会改进储粮技术研讨会”等。

四、国家粮食局软科学课题研究

2004年初经国家粮食局软科学评审专家委员会第三次全体会议审议通过，公布了软科学课题研究方向，主要内容有：粮食生产与流通的相互作用、保护粮食综合生产能力、完善直接补贴、粮食价格监测体系、粮食市场准入和监管、储备管理体制、市场监测预警机制、粮食应急预案、粮食购销企业改革、粮食产业化经营、粮食进出口政策与措施、国外大型粮食企业管理体制与经营方式和国外粮食产业化经营研究等。

根据国家粮食局公布的课题研究方向，各地上报的软科学课题研究论文总体质量明显提高。经过国家粮食局软科学评审专家委员会的评审，对广东省粮食局等21个单位给予表彰并授予国家粮食局优秀软科学课题获奖证书。

2004年初国家粮食局在评选“优秀软科学课题”的基础上增设开展“粮食工作优秀调研报告”征集、评选活动。全年共收到参评调研报告50份，共评出一等奖6项，二等奖13项，对湖南省粮食局等19个单位给予表彰并授予“国家粮食局优秀调研报告”获奖证书。

附录

附录

一、粮食行业统计资料

1. 全国耕地、农作物播种面积和粮食播种面积、单产和产量（1978～2004年）
2. 全国粮食主要品种产量（1978～2004年）
3. 各地区粮食总产量（1978～2004年）
4. 各地区稻谷总产量（1978～2004年）
5. 各地区小麦总产量（1978～2004年）
6. 各地区玉米总产量（1978～2004年）
7. 各地区大豆总产量（1978～2004年）
8. 各地区食用油料总产量（1978～2004年）
9. 主要农产品人均占有量（1978～2004年）
10. 2004年粮食分品种消费量
11. 粮食成本价格变化情况表（1991～2004年）
12. 粮食分品种收购量（1978～2004年）
13. 粮食分品种销售量（1978～2004年）
14. 粮食主要品种进口数量（1978～2004年）
15. 粮食主要品种出口数量（1978～2004年）
16. 2004年全国粮食主产区农户实际售粮价格分月情况表
17. 2004年粮食主要品种批发市场价格
18. 2004年粮油加工业生产、经营情况表
19. 2004年各地区粮油加工业主要经济指标
20. 2004年度全国粮库流通设施情况表
21. 国有粮食企业单位统计表（1998～2004年）
22. 国有粮食购销企业单位统计表（1998～2004年）
23. 国有粮食企业职工人数统计表（1998～2004年）
24. 国有粮食购销企业职工人数统计表（1998～2004年）
25. 2004年发布的《粮食信息分类与编码》行业标准
26. 2004年废止的国家标准
27. 2004年标准代号转化明细表

(一)产品质量标准

(二)粮油机械标准

(三)综合性标准

二、2004年粮食流通体制改革大事记

三、2004年国务院重要文件选编

一、粮食行业统计资料

1. 全国耕地、农作物播种面积和粮食播种面积、单产和产量(1978～2004年)

年度	耕地面积（万亩）	农作物总播种面积（万亩）	粮食生产（万亩/面积、公斤/亩、万吨/产量）			
			播种面积	占总播面%	单产	总产量
1978	149083.5	225157.5	180880.5	80.3	168.5	30476.5
1979	149247.0	222714.0	178894.5	80.3	185.6	33211.5
1980	148957.5	219571.5	175851.0	80.1	182.3	32055.5
1981	148555.5	217738.5	172437.0	79.2	188.5	32502.0
1982	147909.0	217135.5	170193.0	78.4	208.3	35450.0
1983	147540.0	215989.5	171070.5	79.2	226.4	38728.0
1984	146781.0	216331.5	169326.0	78.3	240.5	40730.5
1985	145269.0	215439.0	163267.5	75.8	232.2	37910.8
1986	144344.9	216306.0	166399.5	76.9	235.3	39151.2
1987	143833.0	217435.5	166902.0	76.8	242.5	40473.1
1988	143582.7	217299.0	165184.5	76.0	238.6	39408.1
1989	143484.0	219828.0	168307.5	76.6	242.1	40754.9
1990	143509.4	222544.5	170199.0	76.5	262.2	44624.3
1991	143480.4	224379.0	168471.0	75.1	258.4	43529.3
1992	143139.0	223512.0	165838.5	74.2	266.9	44265.8
1993	142652.0	221611.5	165763.5	74.8	275.4	45648.9
1994	142360.0	222360.0	164316.0	73.9	270.9	44510.2
1995	142456.0	224818.5	165090.0	73.4	282.6	46661.8
1996	195060.0	228571.5	168822.0	73.9	298.9	50453.5
1997	195060.0	230953.5	169368.0	73.3	291.8	49417.1
1998	195060.0	233559.0	170680.5	73.1	300.1	51230.0
1999	195060.0	234559.5	169741.5	72.4	299.5	50839.0
2000	192365.0	234450.0	162694.5	69.4	284.1	46218.0
2001	190623.0	233577.0	159120.0	68.1	284.5	45264.0
2002	188900.0	231954.0	155836.5	67.2	293.3	45705.8
2003	185100.0	228622.5	149115.0	65.2	288.8	43070.0
2004	183660.0	230330.0	152409.0	66.2	308.0	46946.9

注：耕地面积1996年前的数据来自农业部的统计资料；1996年的数据来源于国土资源部、国家统计局、全国农业普查办公室"关于土地利用现状调查数据成果的公报"。据国家统计局初步测算，2001年耕地总资源为190623万亩。2000年、2002年、2003年、2004年的耕地面积为国土资源部测算数。

2. 全国粮食主要品种产量(1978～2004年)

单位：万吨

年份	粮食总产量	谷物总产量				大豆	薯类
			稻谷	小麦	玉米		
1978	30476.5		13694.0	5384.0	5594.5	756.5	3174.0
1979	33211.5		14375.0	6273.0	6003.5	746.0	2846.0
1980	32055.5		13990.5	5520.5	6260.0	794.0	2873.0
1981	32502.0		14395.5	5964.0	5920.5	932.5	2897.0
1982	35450.0		16159.5	6847.0	6056.0	903.0	2705.0
1983	38728.0		16886.5	8139.0	6820.5	976.0	2925.0
1984	40730.5		17825.5	8781.5	7341.0	969.5	2847.0
1985	37910.8		16856.9	8580.5	6382.6	1050.0	2604.0
1986	39151.2		17224.4	9004.0	7085.6	1161.4	2533.7
1987	40473.1		17441.6	8776.8	7982.2	1218.4	2822.3
1988	39408.1		16910.8	8543.2	7735.1	1164.5	2696.5
1989	40754.9		18013.0	9080.7	7892.8	1022.7	2730.0
1990	44624.3		18933.2	9823.0	9681.8	1100.0	2743.0
1991	43529.3	39566.3	18381.3	9595.3	9877.3	971.3	2716.0
1992	44265.8	40169.6	18622.2	10158.7	9538.3	1030.4	2844.0
1993	45648.9	40517.1	17751.4	10639.0	10270.4	1530.7	3181.0
1994	44510.2	39389.2	17593.3	9929.7	9927.5	1599.9	3025.0
1995	46661.8	41611.6	18522.6	10220.7	11198.6	1350.2	3263.0
1996	50453.5	45127.2	19510.3	11056.9	12747.0	1322.4	3536.0
1997	49417.1	49417.1	20073.5	12328.9	10430.9	1473.2	3192.0
1998	51230.0	45624.7	19871.3	10972.6	13295.4	1515.2	3604.0
1999	50839.0	45304.1	19848.7	11388.0	12808.6	1424.5	3641.0
2000	46218.0	40522.4	18790.8	9963.6	10600.0	1540.9	3685.0
2001	45264.0	39648.2	17758.0	9387.3	11408.8	1540.6	3563.0
2002	45705.8	39798.7	17453.9	9029.0	12130.8	1650.5	3666.0
2003	43070.0	37428.7	16065.6	8648.8	11583.0	1539.3	3513.0
2004	46946.9	41157.2	17908.8	9195.2	13028.7	1740.1	3557.7

数据来源：国家统计局统计资料。

3. 各地区粮食总产量(1978～2004年)

单位：万吨

地　区	1978年	1979年	1980年	1981年	1982年	1983年	1984年
全国总计	30476.5	33211.5	32055.5	32502.0	35450.0	38727.5	40730.5
北　京	186.0	173.0	186.0	180.5	185.5	201.5	217.5
天　津	117.0	138.5	138.0	107.0	122.5	111.0	131.5
河　北	1615.0	1779.5	1522.5	1575.0	1752.0	1900.0	1870.0
山　西	674.0	800.5	685.5	725.0	825.0	806.0	782.0
内蒙古	180.0	510.0	396.5	510.0	530.0	560.0	594.5
辽　宁	1175.0	1194.0	1221.5	1160.5	1152.0	1485.0	1426.0
吉　林	1056.0	903.0	859.5	922.0	1000.0	1478.0	1634.5
黑龙江	1500.0	1462.5	1462.5	1250.0	1150.0	1549.0	1757.5
上　海	261.0	259.0	187.0	185.5	216.0	207.0	252.5
江　苏	2290.0	2514.0	2418.5	2511.5	2855.5	3053.0	3353.5
浙　江	1395.0	1611.5	1435.5	1419.5	1712.5	1583.5	1817.0
安　徽	1482.0	1609.5	1454.0	1787.5	1933.0	2010.5	2202.5
福　建	728.5	762.5	802.0	810.0	848.0	858.0	850.5
江　西	1050.0	1296.5	1240.0	1268.5	1408.5	1460.5	1549.0
山　东	2250.0	2472.0	2384.0	2312.5	2375.0	2700.0	3040.0
河　南	1900.0	2134.5	2148.5	2314.5	2217.0	2904.0	2983.5
湖　北	1725.5	1849.5	1536.5	1707.0	1996.0	1987.5	2263.0
湖　南	1900.0	2218.5	2124.5	2170.5	2375.0	2654.0	2613.0
广　东	1632.0	1738.0	1808.5	1655.5	1943.0	1960.5	1972.5
广　西	927.0	1173.0	1190.5	1149.5	1353.0	1363.0	1213.0
海　南							
重　庆							
四　川	3000.0	3201.0	3436.5	3465.5	3842.0	4008.5	4079.5
贵　州	643.5	623.0	648.0	567.5	654.0	703.0	758.0
云　南	864.0	793.0	865.5	917.0	946.0	954.5	1005.0
西　藏	50.5	42.5	50.5	48.5	45.0	37.0	49.5
陕　西	800.0	909.5	757.0	750.0	925.0	965.0	1023.5
甘　肃	491.0	461.5	492.5	435.0	469.0	539.5	539.5
青　海	90.5	82.0	95.5	80.0	92.5	89.5	101.0
宁　夏	118.0	106.0	120.0	126.5	119.5	145.0	154.0
新　疆	375.0	393.5	388.5	390.0	407.5	453.5	497.0

数据来源：国家统计局统计资料。

续表-1

地 区	1985 年	1986 年	1987 年	1988 年	1989 年	1990 年	1991 年
全国总计	37910.8	39151.2	40473.1	39408.1	40754.9	44624.3	43529.3
北 京	219.7	216.5	227.0	234.6	239.2	264.6	279.7
天 津	140.5	157.6	167.7	158.3	169.8	188.9	198.5
河 北	1966.6	1965.5	1920.0	2022.5	2068.6	2276.9	2268.7
山 西	822.7	732.4	712.5	818.3	879.1	969.0	742.4
内蒙古	604.1	528.5	607.0	738.3	691.8	973.0	958.5
辽 宁	976.0	1222.2	1276.3	1307.2	944.0	1494.7	1532.4
吉 林	1225.3	1397.7	1675.8	1693.2	1351.3	2046.5	1898.9
黑龙江	1430.0	1776.3	1737.6	1643.0	1621.5	2312.5	2164.3
上 海	213.8	236.9	232.6	238.9	232.5	239.5	241.6
江 苏	3126.5	3339.6	3257.7	3216.5	3257.8	3230.8	2988.9
浙 江	1621.3	1605.1	1589.0	1553.6	1544.7	1586.1	1678.8
安 徽	2168.0	2371.9	2428.7	2296.4	2383.5	2457.2	1781.5
福 建	794.4	751.5	839.3	818.6	884.6	879.6	889.7
江 西	1533.5	1453.8	1562.8	1515.9	1562.9	1658.2	1625.7
山 东	3137.7	3250.0	3393.7	3037.7	3064.7	3354.9	3916.8
河 南	2710.5	2545.7	2948.4	2663.0	3149.4	3303.7	3010.3
湖 北	2216.1	2304.5	2320.7	2259.4	2370.4	2475.0	2244.1
湖 南	2514.3	2631.5	2593.7	2519.9	2648.2	2651.4	2682.0
广 东	1737.9	1717.8	1848.2	1656.8	1827.0	1896.9	1852.6
广 西	1117.1	1118.1	1210.0	1045.0	1270.8	1363.1	1341.0
海 南				119.8	151.8	169.6	177.7
重 庆							
四 川	3830.7	3923.8	3921.3	3791.6	4078.5	4266.8	4330.7
贵 州	595.0	672.3	673.2	636.0	708.3	721.0	885.5
云 南	935.0	870.0	934.8	940.2	1000.2	1057.2	1093.0
西 藏	53.1	45.4	46.7	50.5	55.0	55.5	58.0
陕 西	951.9	965.5	987.9	967.3	1049.3	1070.7	1047.0
甘 肃	530.5	551.0	529.4	593.3	644.5	690.7	657.6
青 海	100.3	98.4	104.1	105.8	110.8	114.0	114.6
宁 夏	139.5	154.0	139.0	161.6	174.6	190.1	198.2
新 疆	498.8	547.7	588.0	604.9	620.1	666.2	670.6

数据来源：国家统计局统计资料。

续表-2

地区	1992年	1993年	1994年	1995年	1996年	1997年
全国总计	44265.8	45648.9	44510.2	46661.8	50453.5	49417.1
北京	281.9	284.0	276.2	259.8	237.4	237.5
天津	198.7	199.8	190.3	207.5	207.0	206.2
河北	2185.6	2380.2	2523.5	2739.0	2789.5	2746.7
山西	858.3	990.2	890.4	917.1	1077.1	901.4
内蒙古	1046.8	1108.4	1083.5	1055.4	1535.3	1421.0
辽宁	1568.4	1696.0	1337.1	1423.5	1660.1	1313.5
吉林	1840.3	1900.9	2015.7	1992.4	2326.6	1808.3
黑龙江	2366.3	2390.8	2578.7	2552.1	3046.6	3104.5
上海	227.2	210.0	207.5	210.4	226.3	230.2
江苏	3297.8	3191.8	3046.2	3286.3	3476.4	3563.8
浙江	1553.5	1436.2	1404.0	1430.9	1516.8	1493.5
安徽	2325.1	2569.9	2330.3	2580.7	2674.1	2802.7
福建	897.2	869.0	887.4	919.9	952.2	961.8
江西	1566.0	1517.1	1603.5	1607.4	1766.3	1767.7
山东	3589.3	3964.6	3921.9	4246.4	4332.7	3852.2
河南	3109.6	3639.0	3253.8	3466.5	3839.9	3894.7
湖北	2426.6	2325.7	2422.1	2463.8	2484.4	2634.4
湖南	2620.1	2570.2	2661.0	2691.6	2701.5	2801.9
广东	1774.3	1601.5	1599.5	1734.8	1839.2	1897.7
广西	1418.9	1456.5	1272.5	1508.2	1509.3	1544.8
海南	193.3	184.1	192.7	201.8	197.7	213.9
重庆						1157.7
四川	4289.6	4150.6	4047.9	4365.0	4495.7	3461.3
贵州	788.9	869.5	938.7	948.9	1012.6	1025.9
云南	1070.4	1085.2	1146.5	1188.9	1246.2	1271.9
西藏	65.5	65.5	65.0	70.0	77.7	79.2
陕西	1031.6	1215.6	944.6	913.4	1217.3	1044.4
甘肃	674.9	758.3	705.3	644.2	820.6	766.2
青海	118.5	118.6	116.8	114.2	123.8	127.6
宁夏	186.9	205.2	204.1	203.2	257.9	256.6
新疆	694.3	694.5	643.5	718.5	805.3	830.0

数据来源：国家统计局统计资料。

续表－3

地区	1998年	1999年	2000年	2001年	2002年	2003年	2004年
全国总计	51229.5	50838.6	46217.5	45263.7	45705.8	43069.5	46946.9
北京	239.2	201.0	144.2	104.9	82.3	58.0	70.2
天津	210.1	174.9	124.1	143.3	137.8	119.3	122.8
河北	2917.5	2746.3	2551.1	2491.8	2435.8	2387.8	2480.1
山西	1081.5	821.7	853.4	692.1	925.5	958.9	1062.0
内蒙古	1575.4	1428.5	1241.9	1239.1	1406.1	1360.7	1505.3
辽宁	1828.9	1648.8	1140.0	1394.4	1510.4	1498.3	1720.0
吉林	2506.0	2305.6	1638.0	1953.4	2214.8	2259.6	2510.0
黑龙江	3008.5	3074.6	2545.5	2651.7	2941.2	2512.3	3001.0
上海	212.6	208.1	174.0	151.4	130.5	98.8	106.3
江苏	3415.1	3559.0	3106.6	2942.1	2907.1	2471.9	2829.1
浙江	1435.2	1393.0	1217.7	1072.7	942.3	793.4	834.9
安徽	2591.0	2771.2	2472.1	2500.3	2765.0	2214.8	2743.0
福建	958.1	942.2	854.7	817.3	763.2	713.2	736.5
江西	1555.5	1732.7	1614.6	1600.0	1549.5	1450.3	1663.0
山东	4264.8	4269.0	3837.7	3720.6	3292.7	3435.5	3516.7
河南	4009.6	4253.3	4101.5	4119.9	4210.0	3569.5	4260.0
湖北	2475.8	2451.9	2218.5	2138.5	2047.0	1921.0	2100.1
湖南	2647.9	2725.4	2767.9	2700.3	2501.3	2442.7	2640.0
广东	1947.6	1967.1	1760.1	1600.1	1478.9	1430.4	1390.0
广西	1557.1	1575.0	1528.5	1511.4	1486.8	1465.1	1398.5
海南	210.8	217.0	199.6	195.8	188.6	204.6	190.1
重庆	1122.5	1111.6	1106.9	1023.5	1082.4	1087.1	1144.5
四川	3519.7	3551.4	3372.0	2926.5	3132.4	3054.1	3146.7
贵州	1100.0	1125.2	1161.3	1100.3	1034.2	1104.3	1149.6
云南	1319.5	1399.3	1467.8	1486.3	1424.7	1471.0	1509.5
西藏	85.0	92.2	96.2	98.3	98.3	96.6	96.0
陕西	1303.1	1081.6	1089.1	976.6	1005.6	968.4	1040.0
甘肃	872.0	814.9	713.5	753.2	782.7	789.3	805.8
青海	128.2	103.6	82.7	103.2	91.3	86.8	88.5
宁夏	294.9	293.3	252.7	274.8	301.9	270.2	290.5
新疆	836.6	799.3	783.7	780.0	835.6	775.5	796.5

数据来源：国家统计局统计资料。

4. 各地区稻谷总产量(1978～2004年)

单位：万吨

地区	1978年	1979年	1980年	1981年	1982年	1983年	1984年
全国总计	13693.0	14375.0	13990.5	14395.5	16159.5	16886.5	17825.5
北京	23.0	18.5	29.5	21.5	22.5	27.0	26.0
天津	13.0	25.5	31.0	12.5	11.0	10.0	13.5
河北	54.5	63.0	83.0	71.0	76.0	82.5	75.0
山西	6.0	6.0	7.0	5.5	6.0	6.5	6.5
内蒙古	0.5	3.5	4.0	4.0	4.5	4.0	6.0
辽宁	207.5	212.0	235.5	249.0	253.5	290.5	331.0
吉林	122.0	102.0	107.5	112.5	144.5	151.5	191.0
黑龙江	74.5	72.0	79.5	56.0	71.0	91.5	124.0
上海	190.5	181.5	116.5	125.0	151.5	147.5	178.0
江苏	1282.0	1301.5	1228.5	1306.5	1437.5	1605.0	1749.5
浙江	1191.0	1302.0	1176.0	1181.0	1424.0	1304.5	1510.5
安徽	856.5	889.5	773.0	945.0	1043.5	960.0	1136.0
福建	607.0	648.5	671.5	681.0	716.0	756.0	731.0
江西	1079.5	1235.0	1188.0	1216.5	1346.5	1408.0	1493.0
山东	60.0	65.5	74.0	65.0	50.5	59.5	57.5
河南	195.0	161.0	178.0	204.5	175.0	218.0	239.0
湖北	1208.0	1264.5	1038.0	1200.0	1353.5	1370.5	1567.0
湖南	1875.5	2000.5	1942.5	1998.5	2180.0	2458.0	2416.5
广东	1419.0	1542.0	1623.0	1479.0	1744.5	1791.5	1793.0
广西	911.5	1007.0	1007.0	981.5	1174.5	1208.0	1065.5
海南							
重庆							
四川	1431.5	1435.0	1549.0	1639.0	1806.5	1939.0	2034.0
贵州	334.5	326.0	325.0	287.0	350.0	376.5	407.0
云南	411.5	382.5	387.5	436.0	464.0	457.0	500.5
西藏	0.5			0.5			0.5
陕西	81.5	79.5	75.5	53.0	79.5	84.5	93.5
甘肃	1.5	1.5	2.0	1.5	1.5	1.5	1.5
青海							
宁夏	28.0	25.0	33.0	37.0	39.5	40.0	42.0
新疆	27.5	24.5	25.5	26.0	32.5	38.0	37.0

数据来源：国家统计局统计资料。

续表-1

地区	1985年	1986年	1987年	1988年	1989年	1990年	1991年
全国总计	16856.9	17222.4	17441.6	16910.8	18013	18933.2	18381.3
北京	24.9	24.4	24.0	23.9	23.4	21.6	22.5
天津	17.4	21.5	23.9	26.2	27.7	28.2	33.0
河北	78.0	75.6	77.1	81.1	89.5	91.6	89.1
山西	5.8	5.1	4.0	4.1	5.4	5.4	5.7
内蒙古	7.8	8.3	7.7	12.0	19.6	31.4	34.0
辽宁	263.0	320.7	337.2	348.1	277.0	369.2	390.9
吉林	184.1	175.1	223.0	215.7	182.4	289.4	306.3
黑龙江	162.9	220.8	225.7	238.0	227.1	314.4	316.2
上海	153.9	174.6	174.9	172.6	177.9	177.3	181.4
江苏	1638.5	1702.7	1651.8	1639.0	1773.9	1708.5	1632.8
浙江	1357.8	1368.4	1336.8	1295.7	1299.6	1321.4	1433.0
安徽	1162.9	1222.3	1189.2	1159.7	1282.6	1340.1	1058.0
福建	681.1	655.0	715.8	687.7	744.4	731.2	725.7
江西	1475.8	1406.9	1509.0	1456.0	1494.7	1587.7	1552.3
山东	62.5	63.0	57.4	15.1	60.7	90.6	111.5
河南	226.3	206.3	197.7	162.2	232.8	270.0	242.9
湖北	1571.7	1623.6	1595.0	1588.2	1697.5	1789.6	1553.9
湖南	2338.8	2464.3	2414.2	2344.0	2445.2	2468.2	2473.3
广东	1561.4	1543.7	1651.4	1480.0	1631.1	1677.7	1619.1
广西	986.0	986.6	1069.0	939.3	1105.5	1200.8	1186.8
海南				101.0	130.1	144.2	150.9
重庆							
四川	1926.1	2003.2	1979.7	1966.5	2079.7	2197.4	2105.6
贵州	324.3	341.2	341.9	322.0	345.5	360.3	433.0
云南	483.0	440.0	458.0	457.9	468.4	516.5	512.5
西藏	0.3	0.3	0.2	0.3	0.3	0.3	0.3
陕西	88.3	93.2	94.7	88.1	99.0	100.4	102.7
甘肃	1.8	1.9	2.2	1.8	2.3	2.4	2.4
青海							
宁夏	41.9	42.1	43.9	45.7	48.3	54.3	56.1
新疆	30.6	31.6	36.2	38.9	41.4	43.1	49.4

数据来源：国家统计局统计资料。

续表−2

地　区	1992年	1993年	1994年	1995年	1996年	1997年
全国总计	18622.2	17751.4	17593.3	18522.6	19510.3	20073.5
北　京	21.1	18.6	18.2	16.8	16.0	15.8
天　津	39.4	31.8	31.8	38.9	47.4	51.1
河　北	95.5	86.6	88.3	90.3	92.2	102.4
山　西	5.4	4.3	3.9	4.2	3.2	3.8
内蒙古	41.4	33.0	30.5	39.6	51.0	70.6
辽　宁	412.2	376.5	316.2	261.8	338.9	385.7
吉　林	303.0	289.0	292.7	296.9	347.4	376.2
黑龙江	376.6	388.3	410.4	469.9	636.0	860.9
上　海	166.7	154.0	159.8	158.6	163.4	165.9
江　苏	1728.2	1680.0	1600.7	1798.6	1870.2	1931.2
浙　江	1299.8	1216.7	1211.4	1218.8	1277.3	1238.0
安　徽	1223.5	1248.6	1187.5	1269.9	1327.4	1290.2
福　建	733.0	694.5	699.2	724.9	743.3	739.3
江　西	1473.6	1410.6	1493.8	1486.5	1641.8	1636.0
山　东	78.1	75.3	81.6	91.2	113.6	112.1
河　南	278.7	288.0	268.8	295.8	314.8	342.9
湖　北	1746.5	1621.5	1690.2	1730.7	1721.8	1818.5
湖　南	2423.1	2343.5	2415.0	2438.4	2449.9	2495.8
广　东	1565.3	1390.9	1359.4	1471.6	1549.2	1582.5
广　西	1242.9	1228.3	1057.0	1260.0	1258.4	1269.3
海　南	159.8	150.1	153.8	160.9	154.9	168.3
重　庆						546.4
四　川	2140.6	2008.3	1931.7	2097.9	2182.3	1664.6
贵　州	379.0	369.7	423.9	425.2	459.4	462.0
云　南	501.2	476.5	505.4	511.9	536.1	530.2
西　藏	0.4	0.4	0.4	0.5	0.5	0.5
陕　西	99.6	86.3	70.4	64.2	104.7	93.4
甘　肃	3.5	3.6	4.9	5.3	5.0	4.8
青　海						
宁　夏	41.8	44.0	46.5	46.2	54.0	59.9
新　疆	42.3	32.6	39.9	47.2	50.3	55.3

数据来源：国家统计局统计资料。

续表－3

地　区	1998年	1999年	2000年	2001年	2002年	2003年	2004年
全国总计	19871.3	19848.7	18790.8	17758.0	17453.9	16065.6	17908.8
北　京	13.3	12.9	9.4	4.3	2.9	1.0	0.5
天　津	45.2	40.2	14.5	7.4	11.2	5.7	11.1
河　北	99.2	93.1	65.8	47.2	55.7	41.1	47.3
山　西	4.0	3.3	3.3	2.3	2.0	1.2	1.1
内蒙古	60.3	68.8	72.2	56.7	56.0	45.0	54.5
辽　宁	378.9	414.6	377.1	335.2	406.2	351.4	401.5
吉　林	385.5	405.9	374.8	371.2	370.0	318.2	437.6
黑龙江	925.8	944.3	1042.2	1016.3	921.0	842.8	1130.0
上　海	163.1	154.3	137.2	127.4	109.2	82.2	89.5
江　苏	2089.2	1937.3	1801.3	1693.2	1709.9	1404.6	1673.2
浙　江	1207.8	1132.5	990.2	875.6	779.6	646.9	686.9
安　徽	1390.2	1300.6	1221.6	1174.3	1327.5	963.7	1292.1
福　建	728.8	712.3	632.8	606.8	557.5	523.4	545.6
江　西	1425.6	1619.3	1491.9	1491.4	1451.6	1360.5	1579.4
山　东	138.9	131.3	110.8	110.1	109.4	77.9	90.6
河　南	369.7	333.0	318.8	202.7	336.5	240.2	358.2
湖　北	1633.2	1685.6	1497.2	1451.9	1469.8	1341.3	1501.7
湖　南	2345.0	2360.6	2392.5	2328.9	2119.2	2070.2	2285.5
广　东	1614.1	1615.5	1423.4	1298.3	1202.8	1170.5	1123.1
广　西	1290.9	1284.7	1226.5	1231.2	1219.3	1202.7	1123.4
海　南	162.4	169.0	150.2	150.8	139.3	143.4	147.2
重　庆	515.8	531.8	532.9	472.8	490.2	497.1	509.5
四　川	1643.7	1687.8	1634.3	1428.6	1503.7	1471.9	1519.7
贵　州	476.4	457.7	477.4	459.8	347.8	459.3	477.0
云　南	537.5	551.7	568.2	595.9	543.2	635.9	639.4
西　藏	0.5	0.6	0.6	0.6	0.6	0.6	0.6
陕　西	101.3	86.1	94.7	92.1	80.3	75.5	87.0
甘　肃	5.8	5.5	6.2	6.6	5.6	3.6	3.9
青　海							
宁　夏	62.9	65.7	62.4	61.7	66.7	37.0	52.5
新　疆	56.3	42.9	60.4	56.8	59.3	50.7	39.3

数据来源：国家统计局统计资料。

5. 各地区小麦总产量(1978～2004 年)

单位：万吨

地 区	1978 年	1979 年	1980 年	1981 年	1982 年	1983 年	1984 年
全国总计	5384.0	6273.0	5520.5	5964.0	6847.0	8139.0	8781.5
北 京	65.0	61.5	40.5	56.0	47.5	66.0	73.0
天 津	48.0	49.0	27.5	21.0	19.0	33.0	33.0
河 北	641.5	634.0	384.0	417.5	447.5	694.5	716.0
山 西	129.0	183.0	118.5	161.5	203.0	245.5	290.0
内蒙古	51.5	108.5	82.5	100.0	126.5	121.0	144.0
辽 宁	15.0	8.5	5.5	5.5	5.0	4.5	2.5
吉 林	24.5	17.5	16.5	15.5	15.5	14.5	15.5
黑龙江	280.0	333.5	394.5	314.0	278.0	451.0	382.5
上 海	16.0	19.0	20.5	17.5	18.0	11.0	14.0
江 苏	388.5	534.5	564.0	526.0	709.5	761.0	904.0
浙 江	57.0	74.5	79.5	74.5	97.0	86.5	101.5
安 徽	279.0	390.0	340.5	435.5	554.0	572.5	646.5
福 建	25.5	21.5	22.5	20.5	23.5	9.5	19.5
江 西	10.0	14.0	9.0	9.5	11.5	7.5	10.0
山 东	803.5	957.0	766.0	870.0	824.0	1200.0	1278.5
河 南	868.0	969.0	890.5	1083.5	1220.0	1455.5	1653.0
湖 北	228.0	283.5	266.5	248.5	358.0	335.5	378.0
湖 南	38.0	35.0	24.5	26.5	32.5	30.5	33.5
广 东	50.5	35.5	24.0	14.0	16.5	6.5	12.5
广 西	10.5	6.0	2.5	2.0	2.0	1.5	1.5
海 南							
重 庆							
四 川	436.5	516.5	520.5	514.0	641.0	724.0	703.0
贵 州	44.0	42.5	35.0	32.0	30.0	32.0	36.0
云 南	86.0	70.5	78.5	73.5	67.5	86.5	82.5
西 藏	19.0	15.5	18.0	13.0	11.0	10.5	14.0
陕 西	251.0	359.5	230.0	354.0	421.0	444.5	449.5
甘 肃	236.5	232.5	240.0	232.0	310.5	333.5	341.5
青 海	53.5	48.0	56.5	50.0	63.0	62.0	67.5
宁 夏	48.5	42.0	49.5	54.0	61.5	73.0	75.0
新 疆	180.0	211.0	213.0	222.5	233.0	265.5	303.5

数据来源：国家统计局统计资料。

续表-1

地 区	1985年	1986年	1987年	1988年	1989年	1990年	1991年
全国总计	8580.5	9004	8776.8	8543.2	9080.7	9823	9595.3
北 京	73.1	71.0	75.5	84.0	91.6	101.5	108.5
天 津	43.5	46.1	47.5	49.6	57.2	62.0	62.0
河 北	744.3	826.8	723.5	792.2	855.5	927.7	900.4
山 西	295.1	305.4	234.0	234.8	266.2	319.3	310.3
内蒙古	148.5	130.8	125.7	163.4	189.2	261.7	280.2
辽 宁	2.8	4.0	5.7	8.3	14.9	45.0	49.6
吉 林	10.3	6.7	6.3	4.9	8.4	12.8	14.5
黑龙江	376.8	355.9	299.8	247.0	359.5	474.8	381.1
上 海	21.8	30.2	27.7	27.1	23.4	29.1	30.5
江 苏	829.4	938.3	899.5	894.6	840.7	923.7	847.5
浙 江	90.4	78.7	64.1	76.4	73.0	87.2	72.1
安 徽	605.9	656.6	717.9	677.5	591.8	598.0	315.4
福 建	17.4	15.3	21.1	22.7	24.6	27.7	30.5
江 西	10.4	9.2	7.6	7.9	8.4	8.1	7.5
山 东	1496.1	1562.4	1474.1	1390.8	1487.5	1612.1	1889.4
河 南	1528.2	1567.9	1626.0	1521.0	1695.1	1639.9	1554.3
湖 北	345.4	381.5	421.1	401.6	375.6	391.1	388.7
湖 南	29.2	29.7	28.3	29.3	24.4	28.9	35.1
广 东	7.9	6.8	7.7	8.8	17.1	21.9	22.9
广 西	1.0	1.2	1.2	1.9	2.8	2.2	1.7
海 南							
重 庆							
四 川	625.6	650.1	658.4	568.7	619.7	685.3	714.0
贵 州	29.5	32.2	31.5	51.0	50.7	71.8	86.3
云 南	61.9	43.5	74.6	82.4	80.7	102.6	115.3
西 藏	11.8	9.5	10.7	11.1	13.4	16.4	18.3
陕 西	423.3	444.1	417.7	406.6	470.1	463.7	445.7
甘 肃	314.8	330.7	302.0	286.5	331.3	365.3	369.4
青 海	63.0	60.9	67.6	68.7	70.6	73.6	76.9
宁 夏	58.6	70.3	46.3	63.5	71.1	78.0	81.6
新 疆	314.5	338.2	353.7	360.9	366.2	391.6	385.6

数据来源：国家统计局统计资料。

续表 -2

地 区	1992 年	1993 年	1994 年	1995 年	1996 年	1997 年
全国总计	10158.7	10639	9929.7	10220.7	11056.9	12328.9
北 京	111.4	104.8	96.9	100.4	93.9	96.4
天 津	62.0	59.1	50.8	65.4	67.4	77.4
河 北	917.9	902.1	921.7	1060.3	1139.1	1330.7
山 西	274.5	325.4	295.4	270.1	300.7	348.6
内蒙古	330.3	298.5	234.8	262.2	318.9	307.9
辽 宁	65.5	66.5	52.6	63.3	59.4	56.5
吉 林	22.1	30.8	22.0	19.1	20.6	13.0
黑龙江	424.8	340.0	275.3	271.0	329.5	328.4
上 海	30.8	28.6	21.2	23.8	27.0	34.3
江 苏	1006.1	941.9	877.4	892.6	1014.3	1064.7
浙 江	80.1	69.4	54.4	54.1	62.5	72.1
安 徽	611.8	716.9	710.2	699.1	748.3	941.2
福 建	22.1	21.2	19.8	18.6	17.9	17.2
江 西	8.4	9.5	9.1	7.5	9.7	10.7
山 东	1878.3	1936.0	1936.6	2060.7	2052.7	2241.3
河 南	1650.7	1922.0	1798.4	1754.2	2026.8	2372.4
湖 北	372.3	386.7	383.3	363.6	378.8	446.8
湖 南	30.1	27.8	28.6	27.1	30.4	29.1
广 东	14.6	9.6	6.5	6.9	5.9	5.6
广 西	1.6	1.7	1.5	2.8	3.3	4.8
海 南						
重 庆						128.4
四 川	718.3	701.6	704.3	730.9	720.3	611.1
贵 州	97.6	137.3	96.2	107.8	104.1	107.9
云 南	127.0	135.0	125.2	137.5	146.7	165.0
西 藏	19.6	19.6	22.4	24.9	26.1	28.3
陕 西	418.3	495.5	403.5	410.4	405.7	562.7
甘 肃	326.8	375.1	315.5	254.2	351.0	328.3
青 海	75.0	73.9	68.6	69.5	76.7	78.3
宁 夏	49.9	86.4	69.2	68.9	86.3	82.2
新 疆	410.8	416.1	328.5	393.9	433.1	437.6

数据来源：国家统计局统计资料。

续表－3

地 区	1998年	1999年	2000年	2001年	2002年	2003年	2004年
全国总计	10972.6	11388.0	9963.6	9387.3	9029.0	8648.8	9195.2
北 京	96.7	95.5	66.9	36.6	24.3	18.4	20.3
天 津	76.1	71.6	59.5	45.1	44.1	35.9	37.8
河 北	1253.6	1280.5	1208.0	1122.7	1099.5	1018.8	1053.2
山 西	320.9	266.5	215.2	227.4	243.2	256.0	237.1
内蒙古	282.7	273.1	181.8	127.1	121.5	79.0	110.5
辽 宁	61.4	59.2	35.8	15.5	11.5	6.2	8.9
吉 林	10.6	16.1	16.3	11.6	7.9	6.0	3.4
黑龙江	285.2	284.2	95.8	93.8	89.4	39.7	83.0
上 海	31.1	38.4	24.7	12.5	10.4	7.4	8.0
江 苏	759.7	1070.8	796.4	703.9	644.5	608.7	687.7
浙 江	61.2	72.3	55.1	37.1	25.4	20.8	19.0
安 徽	599.1	852.5	707.1	741.9	683.7	642.8	790.1
福 建	15.4	14.4	11.0	8.7	6.7	2.8	1.9
江 西	9.2	9.6	7.9	5.9	4.3	2.9	2.9
山 东	2024.5	2117.7	1860.0	1655.2	1547.1	1565.0	1584.5
河 南	2073.5	2291.5	2236.0	2299.7	2248.4	2292.5	2480.9
湖 北	409.3	304.7	233.7	213.0	151.2	165.4	176.3
湖 南	25.7	22.1	23.3	21.4	18.3	16.5	14.6
广 东	5.1	4.4	3.9	3.1	3.2	1.6	1.7
广 西	3.5	2.6	2.7	2.2	1.8	1.7	1.9
海 南							
重 庆	130.6	105.8	101.3	92.0	93.2	83.8	78.4
四 川	601.1	543.0	532.1	448.7	459.1	426.2	415.7
贵 州	108.9	107.6	103.5	87.7	87.0	74.6	76.8
云 南	151.3	158.4	152.4	137.9	134.1	124.4	121.7
西 藏	29.1	31.2	30.7	28.5	27.8	27.2	26.1
陕 西	504.2	405.5	418.6	406.6	405.3	395.5	410.3
甘 肃	412.6	320.3	266.1	296.1	312.1	272.5	272.3
青 海	79.9	59.4	43.9	51.3	45.2	36.8	37.1
宁 夏	93.8	78.2	74.5	83.6	96.1	75.6	80.4
新 疆	456.6	430.9	399.5	370.8	382.7	344.1	352.7

数据来源：国家统计局统计资料。

6. 各地区玉米总产量(1978～2004 年)

单位：万吨

地 区	1978 年	1979 年	1980 年	1981 年	1982 年	1983 年	1984 年
全国总计	5594.5	6003.5	6260.0	5920.5	6056.0	6820.5	7341.0
北 京	60.5	62.5	89.0	78.5	88.5	83.5	95.5
天 津	31.5	42.5	57.5	54.5	68.0	47.0	56.5
河 北	516.5	628.0	663.0	647.5	725.0	690.5	640.0
山 西	271.0	292.0	263.0	243.0	223.5	213.0	235.0
内蒙古	19.0	168.5	139.0	142.5	106.0	143.0	148.5
辽 宁	603.0	628.5	653.5	582.0	558.0	737.0	715.5
吉 林	581.0	533.5	507.0	527.5	589.5	941.0	1104.0
黑龙江	622.0	581.0	520.5	441.5	328.0	463.5	642.0
上 海	5.5	6.0	4.0	3.0	4.0	2.5	3.5
江 苏	123.0	133.0	139.0	173.5	194.5	190.5	208.0
浙 江	28.0	26.5	15.5	16.0	18.5	13.5	14.5
安 徽	38.0	45.5	38.5	39.5	27.5	35.0	49.0
福 建							
江 西	1.0	1.5	1.0	1.0	1.0	1.0	1.0
山 东	612.0	730.0	825.5	794.0	848.0	822.0	993.5
河 南	469.0	478.5	533.0	480.5	436.5	630.0	523.0
湖 北	103.0	110.0	86.0	102.5	108.5	110.5	128.5
湖 南	22.0	27.0	21.5	21.0	19.0	20.0	24.0
广 东	6.0	6.5	6.5	6.5	7.0	6.5	7.0
广 西	103.0	98.5	111.0	120.0	122.0	107.0	104.0
海 南							
重 庆							
四 川	438.5	487.5	612.0	594.0	639.0	589.0	625.0
贵 州	174.0	177.5	211.5	182.5	193.5	209.5	217.5
云 南	233.0	225.0	263.0	269.5	278.0	269.0	274.0
西 藏			0.5	0.5	0.5	1.0	0.5
陕 西	292.0	287.5	275.0	202.5	282.5	288.0	313.0
甘 肃	101.5	90.0	89.0	67.5	61.0	69.0	67.5
青 海							
宁 夏	6.0	7.0	8.5	6.5	5.5	7.0	11.5
新 疆	134.5	129.5	126.5	123.0	123.0	131.0	139.0

数据来源：国家统计局统计资料。

续表－1

地　区	1985年	1986年	1987年	1988年	1989年	1990年	1991年
全国总计	6382.6	7085.6	7982.2	7735.1	7892.8	9681.9	9877.3
北　京	106.7	107.9	114.0	114.0	113.1	130.9	139.4
天　津	55.1	64.2	69.7	56.4	63.5	74.0	79.9
河　北	678.9	686.2	716.2	735.1	773.3	829.2	906.1
山　西	209.8	191.3	217.8	249.5	288.3	305.4	234.2
内蒙古	159.7	192.7	273.3	305.5	293.5	393.1	413.7
辽　宁	448.1	607.3	671.5	691.0	484.8	798.2	822.3
吉　林	793.1	1016.4	1231.6	1239.5	981.5	1529.6	1400.1
黑龙江	411.8	632.0	646.1	593.0	588.8	1008.3	1007.5
上　海	4.0	5.9	5.1	5.2	5.8	6.7	5.8
江　苏	221.6	241.7	241.1	240.4	276.5	230.2	208.7
浙　江	13.2	11.1	11.8	11.2	13.8	9.9	11.5
安　徽	65.7	79.0	100.2	62.3	136.6	146.9	158.7
福　建	0.2	0.4	2.2	2.2	3.4	3.3	3.0
江　西	1.0	1.0	1.1	1.1	1.7	2.3	7.3
山　东	937.7	1016.5	1170.2	1067.2	1033.3	1110.9	1353.2
河　南	537.3	437.0	677.0	600.3	809.6	960.5	849.1
湖　北	115.3	115.6	117.9	93.3	109.3	122.2	120.3
湖　南	20.2	20.9	22.1	19.2	23.6	24.5	27.4
广　东	7.0	7.4	7.9	6.5	10.4	13.5	15.1
广　西	91.7	89.5	98.1	68.1	119.3	120.0	107.3
海　南				1.4	1.9	2.5	2.8
重　庆							
四　川	578.0	578.5	521.1	582.5	632.0	715.0	734.1
贵　州	157.7	195.0	197.0	154.0	192.1	177.3	228.6
云　南	248.7	257.8	249.8	250.1	293.3	277.8	293.5
西　藏	0.5	0.5	0.7	0.7	0.9	0.9	0.9
陕　西	291.6	272.9	325.0	282.8	316.7	333.8	357.2
甘　肃	74.4	79.0	89.5	95.4	103.8	116.2	138.9
青　海							
宁　夏	14.2	17.3	29.1	32.2	33.3	37.6	41.5
新　疆	139.4	160.6	175.1	175.0	188.7	201.2	209.2

数据来源：国家统计局统计资料。

续表-2

地区	1992年	1993年	1994年	1995年	1996年	1997年
全国总计	9538.3	10270.4	9927.5	11198.6	12747	10430.9
北京	140.5	151.6	148.4	133.0	119.7	118.9
天津	76.0	80.8	77.7	80.5	75.4	65.5
河北	834.3	965.1	1065.3	1183.4	1168.4	1009.5
山西	297.9	335.3	302.2	403.5	457.5	350.1
内蒙古	435.4	454.0	482.3	518.4	751.5	677.9
辽宁	853.2	959.7	651.9	824.7	969.5	668.3
吉林	1326.6	1344.6	1439.4	1478.5	1753.4	1260.3
黑龙江	1042.8	956.6	1146.4	1212.6	1445.0	1165.9
上海	5.5	5.6	6.0	4.6	5.2	4.8
江苏	219.4	260.0	217.2	270.8	259.9	243.7
浙江	13.8	12.7	12.6	14.2	13.7	14.1
安徽	166.9	234.1	130.3	271.9	264.1	229.1
福建	4.3	5.9	6.1	6.9	8.0	8.9
江西	8.8	6.0	4.3	8.9	9.0	8.4
山东	1150.8	1302.3	1345.3	1543.0	1603.4	1106.0
河南	806.6	947.0	754.3	957.8	1038.3	807.7
湖北	130.1	116.4	133.7	150.1	165.8	161.0
湖南	32.3	31.5	37.2	38.9	47.7	76.5
广东	15.9	15.8	17.7	21.9	37.1	51.1
广西	121.9	154.4	130.8	155.2	151.0	165.5
海南	4.0	1.5	3.5	3.7	3.9	4.2
重庆						208.9
四川	632.0	621.9	572.6	629.6	716.9	580.7
贵州	182.7	217.8	254.6	238.5	262.4	263.6
云南	271.0	287.4	327.9	339.3	369.2	363.2
西藏	0.9	0.9	1.0	1.1	1.3	1.4
陕西	346.2	425.2	271.5	282.3	472.3	271.4
甘肃	158.0	123.3	122.7	125.9	215.2	166.9
青海						
宁夏	47.9	46.5	50.3	60.8	79.7	83.2
新疆	212.6	206.6	214.5	238.7	282.5	294.3

数据来源：国家统计局统计资料。

续表-3

地 区	1998年	1999年	2000年	2001年	2002年	2003年	2004年
全国总计	13295.4	12808.6	10600.0	11408.8	12130.8	11583.0	13028.7
北 京	122.6	86.7	58.7	53.9	46.1	32.2	43.5
天 津	75.5	56.3	41.0	75.2	71.1	64.8	68.2
河 北	1187.2	1088.0	994.5	1059.5	1035.0	1073.6	1157.6
山 西	476.1	375.4	354.8	309.9	435.3	477.0	631.9
内蒙古	839.8	771.4	629.2	757.0	821.5	888.7	948.0
辽 宁	1120.9	985.4	551.1	818.7	858.0	907.2	1079.7
吉 林	1924.7	1692.6	993.2	1328.4	1540.0	1615.3	1810.0
黑龙江	1199.7	1228.4	790.8	819.5	1070.5	830.9	939.5
上 海	4.9	4.9	3.7	3.7	3.0	3.2	2.6
江 苏	286.2	264.8	236.8	259.9	261.7	197.3	216.6
浙 江	14.9	16.8	20.3	21.1	22.3	21.5	22.5
安 徽	226.5	213.3	219.0	279.9	356.8	260.6	320.8
福 建	9.8	10.9	11.1	10.8	11.2	11.6	12.7
江 西	8.7	7.5	8.5	6.2	5.5	6.3	4.8
山 东	1553.6	1551.4	1467.5	1532.4	1316.0	1411.0	1499.2
河 南	1096.3	1156.6	1075.0	1151.4	1189.8	766.3	1050.0
湖 北	186.7	204.1	216.7	194.9	187.4	167.5	179.1
湖 南	82.1	126.8	125.1	115.1	119.2	128.6	126.6
广 东	59.8	72.5	76.1	65.2	53.5	53.1	56.1
广 西	156.2	171.6	184.2	168.5	161.0	159.7	176.1
海 南	5.2	4.9	5.2	4.9	5.1	6.1	4.7
重 庆	190.8	191.2	197.5	180.6	197.4	207.0	227.8
四 川	623.1	640.0	547.4	452.3	525.1	517.3	557.4
贵 州	309.0	334.8	342.2	319.4	343.2	319.9	333.9
云 南	418.1	459.5	473.3	477.3	461.5	399.9	425.7
西 藏	1.3	1.4	1.4	1.7	1.7	1.6	1.6
陕 西	481.1	440.4	413.7	352.8	374.5	373.2	407.0
甘 肃	258.0	255.2	210.5	199.0	219.2	244.4	245.0
青 海	1.8	2.2	1.2	1.2	1.2		1.2
宁 夏	99.9	107.6	82.0	94.8	104.3	119.9	117.7
新 疆	274.8	286.0	268.5	293.8	332.9	317.3	361.5

数据来源：国家统计局统计资料。

7. 各地区大豆总产量(1978～2004 年)

单位：万吨

地　区	1978 年	1979 年	1980 年	1981 年	1982 年	1983 年	1984 年
全国总计	756.5	746.0	794.0	932.5	903.0	976.0	969.5
北　京	1.5	1.5	1.5	1.0	1.5	1.5	1.5
天　津	2.5	3.0	3.0	2.5	2.5	2.5	3.5
河　北	32.5	36.0	29.5	30.5	30.0	25.0	27.5
山　西	13.5	14.0	13.0	12.5	17.5	17.0	18.0
内蒙古	2.0	13.0	12.5	19.5	24.5	24.5	23.0
辽　宁	57.0	53.0	53.5	62.5	58.0	69.5	63.5
吉　林	69.0	60.0	60.5	79.0	71.5	88.0	81.0
黑龙江	212.5	185.5	220.5	201.5	260.5	238.5	290.5
上　海	1.5	1.0	0.5	0.5	0.5	1.0	1.0
江　苏	36.5	30.0	35.0	47.5	48.5	52.0	43.0
浙　江	12.0	10.5	12.0	11.5	13.0	11.0	12.0
安　徽	37.0	51.0	49.5	90.5	62.5	91.5	68.5
福　建	5.0	4.5	7.0	9.0	10.5	8.0	9.5
江　西	11.0	12.0	11.5	11.0	15.5	13.0	13.5
山　东	57.5	71.5	84.0	83.0	73.5	64.5	62.5
河　南	69.5	79.5	92.0	154.0	74.5	128.0	97.0
湖　北	30.0	27.5	11.5	17.5	16.0	16.0	22.0
湖　南	13.0	15.5	13.5	16.5	20.5	21.0	22.5
广　东	8.0	10.0	11.5	12.0	14.5	11.0	12.0
广　西	7.0	9.5	10.0	14.0	21.5	18.5	16.0
海　南							
重　庆							
四　川	27.0	21.0	20.5	22.5	26.0	27.5	32.0
贵　州	12.0	7.0	8.0	10.0	10.0	10.0	13.5
云　南	9.5	6.5	7.0	7.5	8.5	9.0	10.0
西　藏							
陕　西	20.0	14.5	18.0	10.5	13.5	17.0	16.5
甘　肃	5.5	4.5	5.0	3.5	3.5	5.0	5.0
青　海							
宁　夏	2.0	2.0	1.5	1.0	2.0	2.5	2.5
新　疆	2.0	2.0	2.0	1.5	2.5	3.0	2.0

数据来源：国家统计局统计资料。

续表－1

地　区	1985年	1986年	1987年	1988年	1989年	1990年	1991年
全国总计	1050	1161.4	1218.4	1164.5	1022.7	1100	971.3
北　京	2.2	2.3	3.1	2.8	3.1	2.8	2.2
天　津	4.7	5.9	6.7	6.2	6.5	6.6	8.4
河　北	38.5	41.2	45.9	46.8	44.3	53.5	56.6
山　西	17.7	17.6	21.1	26.6	27.6	30.2	15.9
内蒙古	28.8	41.0	36.7	47.6	37.6	47.6	45.1
辽　宁	54.6	63.5	49.2	45.1	23.1	42.7	36.3
吉　林	90.4	83.7	96.8	98.6	67.5	93.3	71.7
黑龙江	313.7	378.0	383.5	395.0	286.0	325.8	309.8
上　海	1.1	1.1	1.4	1.5	1.6	1.2	1.1
江　苏	55.8	71.9	66.2	64.1	60.4	45.1	26.9
浙　江	11.0	11.7	13.0	12.3	14.3	11.4	11.5
安　徽	70.4	81.9	88.2	63.0	77.2	55.4	27.7
福　建	9.3	9.3	9.9	9.5	10.7	11.2	10.2
江　西	14.5	12.5	14.3	14.7	17.8	16.9	16.5
山　东	79.5	94.7	103.0	92.5	73.9	84.3	98.3
河　南	103.2	74.9	110.4	69.9	80.1	86.7	66.1
湖　北	23.8	29.0	27.6	24.8	29.4	26.4	20.6
湖　南	21.8	24.4	24.9	22.9	29.4	25.4	24.3
广　东	11.8	12.7	12.9	12.4	13.3	13.9	12.6
广　西	14.2	14.0	12.2	10.6	15.7	12.8	13.5
海　南				0.5	0.6	0.6	0.7
重　庆							
四　川	33.6	34.6	32.4	32.5	33.1	34.6	34.0
贵　州	11.0	14.0	12.1	13.0	13.9	12.8	13.5
云　南	9.6	9.5	8.4	9.3	10.2	10.0	9.7
西　藏					5.4	6.0	0.1
陕　西	18.3	21.0	25.0	29.2	26.0	29.3	26.2
甘　肃	6.4	6.8	7.7	6.2	7.2	7.7	6.2
青　海							
宁　夏	2.6	2.4	3.4	3.6	2.4	2.4	2.7
新　疆	1.5	1.8	2.4	3.3	4.4	3.4	2.9

数据来源：国家统计局统计资料。

续表-2

地 区	1992 年	1993 年	1994 年	1995 年	1996 年	1997 年
全国总计	1030.4	1530.7	1599.9	1350.2	1322.4	1473.2
北 京	2.3	2.8	4.5	3.3	2.3	2.3
天 津	8.4	12.4	11.4	9.3	6.1	4.2
河 北	44.0	91.5	98.7	78.6	73.6	58.2
山 西	22.5	33.6	29.5	22.0	30.9	17.5
内蒙古	40.0	90.1	94.0	52.5	83.4	97.4
辽 宁	31.9	49.8	51.3	41.3	40.4	34.7
吉 林	75.4	108.1	106.8	78.3	63.4	62.6
黑龙江	349.1	491.5	513.6	427.3	413.5	576.2
上 海	1.2	1.6	1.7	2.3	2.3	1.1
江 苏	38.9	48.6	49.5	45.9	42.8	55.3
浙 江	12.1	15.8	18.7	18.9	20.3	21.1
安 徽	56.7	86.1	79.3	64.3	55.3	86.5
福 建	13.2	15.0	16.2	17.1	18.5	20.0
江 西	22.4	27.2	27.8	29.7	30.6	29.9
山 东	74.9	126.9	135.3	123.0	114.1	82.1
河 南	62.0	105.0	109.1	106.7	91.1	95.2
湖 北	24.7	35.2	42.4	39.5	33.3	30.0
湖 南	25.2	33.4	37.1	38.1	34.0	44.2
广 东	13.9	15.3	15.4	16.5	17.3	17.6
广 西	15.9	23.1	24.7	29.5	30.0	32.7
海 南	0.8	0.4	0.9	0.9	0.9	1.2
重 庆						6.3
四 川	33.5	30.1	41.5	40.7	33.0	24.2
贵 州	8.8	12.5	15.1	13.8	15.3	23.4
云 南	8.8	19.0	11.4	13.0	12.0	12.5
西 藏	0.1	0.1		0.1	0.1	0.1
陕 西	26.5	33.5	36.0	20.5	39.8	17.3
甘 肃	10.6	10.4	11.0	7.4	10.4	7.8
青 海						
宁 夏	3.4	3.7	3.7	3.0	2.9	3.3
新 疆	3.2	8.1	13.3	6.7	4.8	8.3

数据来源：国家统计局统计资料。

续表－3

地　区	1998年	1999年	2000年	2001年	2002年	2003年	2004年
全国总计	1515.2	1424.5	1540.9	1540.6	1650.5	1539.3	1740.1
北　京	2.5	2.0	4.7	4.8	3.5	2.8	3.0
天　津	5.3	2.7	3.9	8.2	5.5	6.1	4.5
河　北	76.0	56.7	62.9	56.3	49.4	46.4	44.3
山　西	35.0	26.9	36.0	22.1	29.7	29.8	30.8
内蒙古	93.7	82.5	85.8	83.4	96.4	53.6	103.1
辽　宁	49.1	39.2	48.1	54.2	53.2	64.6	52.1
吉　林	73.8	63.6	120.3	110.5	127.5	150.3	152.1
黑龙江	444.6	446.6	450.1	496.2	556.3	560.8	638.5
上　海	2.2	1.7	1.9	1.7	1.9	1.7	1.7
江　苏	64.7	56.8	67.0	67.1	70.3	56.8	57.0
浙　江	22.6	23.4	28.4	28.5	26.3	26.4	26.6
安　徽	89.1	100.5	91.5	89.4	139.4	99.9	112.5
福　建	20.6	21.0	20.5	19.6	18.8	18.0	18.4
江　西	29.2	23.7	25.9	23.9	22.1	19.2	17.8
山　东	136.8	96.9	104.6	91.0	73.8	69.2	71.7
河　南	112.1	115.2	115.8	107.6	97.8	56.7	103.5
湖　北	40.8	43.7	45.8	42.8	42.2	44.7	40.5
湖　南	37.5	41.9	42.8	45.2	44.9	39.7	39.9
广　东	17.4	17.9	18.7	17.4	15.9	15.4	18.1
广　西	32.4	35.1	36.4	34.4	32.3	36.0	31.1
海　南	1.5	1.3	1.7	1.5	1.6	1.6	1.3
重　庆	5.9	6.8	8.8	5.9	9.3	10.0	16.5
四　川	25.3	29.2	37.4	38.6	42.5	46.0	49.1
贵　州	17.4	18.1	18.1	16.7	18.4	17.7	17.9
云　南	12.9	13.9	7.7	16.0	15.9	14.8	20.6
西　藏	0.1	0.1	0.3	0.3	0.4	0.4	0.1
陕　西	41.1	29.3	22.2	19.6	21.2	15.9	32.4
甘　肃	11.0	12.5	13.4	13.6	11.9	13.1	14.1
青　海							
宁　夏	3.8	4.2	2.9	2.3	3.7	2.0	1.5
新　疆	10.9	11.2	17.5	21.9	18.6	19.8	19.6

数据来源：国家统计局统计资料。

8. 各地区食用油料总产量(1978～2004 年)

单位：万吨

地 区	1978 年	1979 年	1980 年	1981 年	1982 年	1983 年	1984 年
全国总计	521.8	643.5	769.1	1020.5	1181.7	1055.0	1191.0
北 京	2.6	2.6	3.1	2.2	2.3	2.1	2.7
天 津	1.0	1.5	2.8	4.5	4.4	3.1	5.5
河 北	24.5	32.1	45.1	46.4	53.8	47.8	60.0
山 西	4.2	7.6	13.4	12.1	21.2	23.7	36.7
内蒙古	7.7	18.7	25.2	36.3	49.0	53.8	59.8
辽 宁	11.6	17.2	28.3	30.6	24.8	30.9	42.1
吉 林	16.4	14.2	26.6	34.5	29.3	39.2	59.8
黑龙江	9.3	6.9	26.3	44.4	45.0	32.2	26.0
上 海	11.6	11.9	9.6	14.7	16.7	10.1	11.7
江 苏	33.4	37.9	38.6	64.1	91.9	73.7	71.0
浙 江	22.1	27.0	28.9	40.0	38.6	29.7	33.9
安 徽	32.6	44.7	49.8	99.3	125.5	96.5	97.2
福 建	13.8	13.4	13.5	18.5	20.1	14.4	15.8
江 西	13.5	19.9	13.8	19.8	26.0	22.9	24.5
山 东	87.0	109.1	143.0	142.1	142.5	152.0	182.0
河 南	24.2	36.9	46.2	56.0	44.2	51.5	52.5
湖 北	23.7	32.1	20.6	39.3	57.5	42.2	55.4
湖 南	19.7	28.7	19.3	35.8	45.8	35.4	38.4
广 东	38.9	44.1	53.2	61.0	66.6	51.9	57.9
广 西	17.8	15.3	13.7	14.2	17.4	18.6	21.9
海 南							
重 庆							
四 川	58.5	65.2	71.9	97.5	135.6	112.8	118.0
贵 州	9.9	10.9	15.6	34.0	48.1	28.5	30.6
云 南	5.5	4.6	6.5	10.7	13.8	13.8	12.4
西 藏	0.8	0.8	1.1	1.2	1.1	1.0	1.3
陕 西	5.6	9.6	11.0	16.8	15.9	16.5	19.3
甘 肃	8.6	8.5	14.0	13.2	14.3	19.3	21.1
青 海	4.5	5.8	7.1	6.4	7.4	7.2	7.6
宁 夏	2.5	2.2	3.6	3.8	2.8	4.1	4.5
新 疆	10.3	14.2	17.6	21.1	20.5	20.0	21.6

数据来源：国家统计局统计资料。

续表-1

地　区	1985年	1986年	1987年	1988年	1989年	1990年	1991年
全国总计	1578.4	1473.8	1527.8	1320.3	1295.2	1613.2	1638.3
北　京	3.9	3.1	3.3	3.0	2.8	3.1	3.3
天　津	6.8	5.9	5.2	3.5	4.4	4.7	4.5
河　北	86.9	61.8	68.9	65.3	56.0	74.9	72.9
山　西	44.5	35.2	30.8	34.3	29.8	39.4	29.8
内蒙古	79.4	66.1	54.0	56.0	53.1	69.4	71.8
辽　宁	54.0	31.6	19.2	16.8	7.1	17.5	20.3
吉　林	48.4	38.9	35.3	35.4	34.8	46.7	43.5
黑龙江	28.4	19.0	12.6	13.0	13.1	17.2	15.2
上　海	15.4	15.0	16.2	19.1	15.1	18.2	20.0
江　苏	108.8	116.8	121.1	98.7	99.9	112.4	114.1
浙　江	44.2	42.9	39.7	43.1	38.3	48.4	45.6
安　徽	145.7	131.6	151.1	88.1	101.7	129.1	97.1
福　建	17.4	17.2	17.5	14.9	16.2	17.7	15.6
江　西	28.9	31.6	35.7	32.8	37.7	54.9	62.2
山　东	267.9	207.6	234.3	197.8	150.0	212.1	233.1
河　南	96.2	99.0	136.6	96.2	118.5	152.3	127.6
湖　北	73.0	81.9	75.5	65.8	76.7	95.8	106.3
湖　南	42.4	47.2	53.1	54.2	60.2	72.2	84.3
广　东	61.6	65.7	58.7	52.6	56.3	58.9	57.2
广　西	22.8	23.7	18.6	17.3	23.0	25.2	24.1
海　南				4.2	4.5	4.5	4.7
重　庆							
四　川	151.2	159.0	161.5	145.9	140.7	155.6	175.6
贵　州	32.0	41.9	46.3	39.9	32.9	43.9	61.8
云　南	11.8	11.0	13.5	11.9	10.3	13.3	17.2
西　藏	1.5	1.2	1.2	1.4	1.7	1.7	1.9
陕　西	29.9	30.1	31.5	24.7	31.1	33.4	35.4
甘　肃	26.3	29.9	29.5	30.3	30.4	33.7	32.6
青　海	9.9	10.4	10.4	10.5	10.6	12.0	13.2
宁　夏	5.3	6.2	4.5	5.4	6.2	6.2	7.2
新　疆	34.3	42.6	42.3	38.6	32.3	39.0	40.5

数据来源：国家统计局统计资料。

续表-2

地区	1992年	1993年	1994年	1995年	1996年	1997年
全国总计	1641.2	1803.9	1989.6	2247.0	2210.6	2157.4
北京	3.4	3.8	3.8	3.3	2.9	2.7
天津	4.0	4.5	4.0	4.0	3.1	3.0
河北	66.3	80.5	106.8	109.9	120.7	118.0
山西	33.7	39.7	43.8	22.3	37.3	28.1
内蒙古	81.4	72.6	65.0	70.2	81.4	73.1
辽宁	17.6	21.9	24.4	19.8	17.0	16.1
吉林	35.8	28.6	28.7	25.6	21.7	15.9
黑龙江	21.9	16.1	15.6	20.1	16.8	18.2
上海	21.9	13.2	9.8	15.8	16.2	10.7
江苏	127.3	125.7	133.6	159.5	147.5	141.9
浙江	50.1	38.6	34.6	50.0	52.1	48.9
安徽	140.0	157.2	154.5	191.8	177.2	205.0
福建	19.9	20.7	21.6	23.3	23.0	24.4
江西	74.2	77.8	83.6	103.6	101.0	105.6
山东	166.3	268.4	338.3	315.0	309.3	240.9
河南	133.6	204.5	225.0	298.0	278.5	276.7
湖北	99.7	111.7	137.8	189.4	181.8	195.5
湖南	83.9	79.1	98.2	112.0	118.1	129.3
广东	61.4	67.2	64.7	71.0	74.2	75.5
广西	29.3	36.9	35.9	45.4	51.6	55.5
海南	5.7	6.2	6.6	7.6	8.0	8.4
重庆						23.3
四川	161.7	133.9	138.9	170.2	156.8	134.2
贵州	53.4	43.3	47.3	58.8	55.6	59.0
云南	18.9	13.4	14.0	19.6	18.8	17.4
西藏	1.8	1.8	2.9	0.0	3.5	3.5
陕西	35.6	40.8	34.2	38.2	37.4	36.7
甘肃	36.5	37.5	39.9	31.7	43.1	35.6
青海	14.0	15.2	18.4	16.2	17.1	18.4
宁夏	6.2	6.3	7.0	5.6	7.9	6.2
新疆	35.6	37.0	50.8	49.4	31.0	30.0

数据来源：国家统计局统计资料。

续表-3

地 区	1998年	1999年	2000年	2001年	2002年	2003年	2004年
全国总计	2313.9	2601.2	2954.8	2864.9	2897.2	2811.0	3065.9
北 京	2.8	2.8	3.8	4.3	4.6	3.3	2.9
天 津	3.8	2.3	3.3	3.9	3.4	3.1	1.6
河 北	138.8	129.5	147.0	153.8	151.3	163.1	154.3
山 西	42.5	25.5	44.8	18.1	38.4	36.4	28.2
内蒙古	90.3	100.9	116.4	80.6	108.9	102.3	103.7
辽 宁	23.4	19.8	29.6	46.3	56.5	61.4	45.9
吉 林	21.3	31.4	39.0	34.3	46.1	57.1	38.1
黑龙江	16.9	39.3	43.8	36.3	52.8	44.7	46.0
上 海	6.8	13.4	16.4	12.8	9.9	6.4	7.4
江 苏	115.6	184.0	225.6	232.5	217.0	199.5	238.4
浙 江	35.5	54.1	57.9	58.2	47.0	43.8	48.8
安 徽	176.5	268.1	285.1	298.8	282.3	231.4	299.7
福 建	24.6	25.8	25.8	26.1	25.9	26.0	27.8
江 西	84.3	94.4	96.7	90.5	82.4	76.0	74.5
山 东	335.6	320.5	356.9	377.3	340.4	361.8	369.7
河 南	312.1	349.3	392.6	362.6	420.7	309.9	408.7
湖 北	216.7	228.3	287.2	279.4	245.3	272.7	314.4
湖 南	120.7	130.2	139.3	137.4	119.3	125.7	139.6
广 东	79.3	74.5	78.8	80.9	76.4	81.9	77.5
广 西	54.4	54.7	58.6	57.2	56.0	55.7	58.3
海 南	9.5	9.6	10.1	10.3	10.0	9.6	9.1
重 庆	25.1	24.1	31.1	30.0	35.0	38.3	41.8
四 川	146.4	151.6	193.0	181.0	201.5	217.1	226.3
贵 州	62.2	67.3	74.3	71.3	72.5	72.3	82.7
云 南	17.5	20.6	27.0	27.7	27.5	29.7	33.4
西 藏	3.0	4.1	4.0	4.4	4.5	4.9	5.4
陕 西	35.5	31.9	38.8	37.5	41.1	41.3	46.1
甘 肃	45.5	43.8	41.7	38.4	41.9	46.0	48.5
青 海	21.0	28.5	19.4	23.0	23.4	26.2	28.9
宁 夏	8.6	10.4	7.0	7.3	10.9	13.2	13.8
新 疆	37.5	60.5	60.1	42.6	44.4	50.1	44.5

数据来源：国家统计局统计资料。

9. 主要农产品人均占有量(1978～2004年)

单位：公斤

年份	粮食	棉花	油料	猪牛羊肉	水产品
1978	318.7	2.3	5.5	9.0	4.9
1979	342.7	2.3	6.6	11.0	4.4
1980	326.7	2.8	7.8	12.3	4.6
1981	327.0	3.0	10.3	12.7	4.6
1982	351.5	3.6	11.7	13.4	5.1
1983	378.5	4.5	10.3	13.7	5.3
1984	392.8	6.0	11.5	14.9	6.0
1985	360.7	3.9	15.0	16.8	6.7
1986	367.0	3.3	13.8	18.0	7.7
1987	371.7	3.9	14.1	18.3	8.8
1988	357.7	3.8	12.0	19.9	9.7
1989	364.3	3.4	11.6	20.8	10.4
1990	393.1	4.0	14.2	22.1	10.9
1991	378.3	4.9	14.2	23.7	11.7
1992	380.0	3.9	14.1	25.2	13.4
1993	387.4	3.2	15.3	27.4	15.5
1994	373.5	3.6	16.7	30.9	17.9
1995	387.4	3.8	17.6	33.0	19.3
1996	414.4	3.5	18.2	30.3	23.1
1997	401.7	3.7	17.5	33.2	29.3
1998	412.4	3.6	18.6	37.0	31.4
1999	405.5	3.1	20.7	38.0	32.9
2000	366.1	3.5	23.4	38.3	33.9
2001	356.0	4.2	22.5	39.5	34.4
2002	357.0	3.8	22.6	40.8	35.6
2003	334.3	3.8	21.8	42.7	36.5
2004	362.2	4.9	23.7	44.6	37.8

数据来源：《中国统计摘要》2005，《中国农村统计年鉴》1996、2003。
注：本表计算中所使用的人口数字为年平均人口数。

10. 2004年粮食分品种消费量

单位：原粮，万吨

项　目	粮食消费					
		小麦	稻谷	玉米	大豆	其他
粮食消费总量	49090	10230	18925	11565	3470	4900
城乡居民口粮	26600	7875	15800	1210	550	1165
饲料用粮	15500	880	1930	8185	2095	2415
工业用粮	5330	1010	975	2010	260	1075
种子用粮	1150	465	220	160	60	245
大豆榨油减量	505	0	0	0	505	0

数据来源：国家粮食局调查报告。

11．粮食成本价格变化情况表（(1991～2004年）

年份	每50公斤平均出售价格（元）				每50公斤总成本（元）				每50公斤现金成本（元）				每50公斤现金收益（元）			
	粮食平均	稻谷	小麦	玉米	粮食平均	稻谷	小麦	玉米	粮食平均	稻谷	小麦	玉米	粮食平均	稻谷	小麦	玉米
1991	26.1	28.5	30.0	21.1	21.4	21.4	28.7	16.8	11.9	11.7	17.1	9.0	14.2	16.8	12.9	12.1
1992	28.4	29.3	33.1	24.3	22.4	21.7	29.0	19.0	12.3	11.6	17.7	9.5	16.1	17.7	15.4	14.8
1993	35.8	40.4	36.5	30.2	23.6	24.0	30.2	18.7	13.1	13.1	18.1	9.7	22.7	27.3	18.4	20.5
1994	59.4	71.2	56.5	48.2	33.1	34.5	40.8	26.2	19.7	20.3	25.9	14.8	39.7	50.9	30.6	33.4
1995	75.1	82.1	75.4	67.0	44.3	45.8	51.6	37.5	24.6	25.2	30.2	19.8	50.5	56.9	45.2	47.2
1996	72.3	80.6	81.0	57.2	51.6	52.4	64.4	42.3	26.7	26.6	36.4	20.7	45.6	54.0	44.6	36.5
1997	65.1	69.4	70.1	55.8	51.1	50.3	57.8	46.7	26.8	25.8	33.5	22.6	38.3	43.6	36.6	33.2
1998	62.1	66.9	66.6	53.8	51.4	49.3	67.8	43.1	28.3	26.6	41.4	21.9	33.8	40.3	25.2	31.9
1999	53.0	56.6	60.4	43.7	49.6	48.0	62.5	42.3	29.4	27.7	39.0	24.6	23.6	28.9	21.4	19.1
2000	48.4	51.7	52.9	42.8	48.8	46.0	57.6	43.7	27.0	24.7	40.5	22.5	21.4	27.0	12.4	20.3
2001	51.5	53.7	52.5	48.3	46.3	44.6	57.4	40.4	25.5	24.2	34.3	20.7	26.0	29.5	18.2	27.6
2002	49.2	51.4	51.3	45.6	48.6	47.1	60.6	41.9	26.7	25.5	35.9	22.0	22.5	25.9	15.4	23.6
2003	56.5	60.1	56.4	52.7	50.6	49.0	61.9	44.7	27.5	26.0	35.7	23.3	29.0	34.1	20.7	29.4
2004	70.7	79.8	74.6	58.1	47.3	49.1	50.5	42.7	26.0	27.5	29.2	21.8	44.7	52.3	45.4	36.3

数据来源：国家发改委统计资料。

12. 粮食分品种收购量(1978～2004年)

单位：贸易粮，万吨

年份	粮食收购总量	小麦	大米	玉米	大豆
1978	5110.2	1176.8	1955.9	1046.7	216.0
1979	5925.0	1562.5	2201.0	1281.0	205.0
1980	5882.1	1396.1	2214.5	1357.8	296.5
1981	6250.5	1418.3	2421.1	1408.0	412.6
1982	7367.5	1933.6	2900.3	1427.4	401.7
1983	9879.6	2763.3	3312.4	2337.8	409.8
1984	11165.9	3427.0	3858.1	2588.1	382.4
1985	7925.0	2666.1	3012.9	1365.8	503.3
1986	9453.3	2842.2	3258.7	1871.1	653.7
1987	9920.1	2816.2	3143.7	2848.6	609.7
1988	9340.4	2673.9	3185.9	2414.7	693.5
1989	10040.2	2855.5	3622.9	2587.7	620.0
1990	12364.5	3646.6	4316.0	3072.8	661.2
1991	11423.0	3392.5	3810.0	3338.4	582.2
1992	10414.4	3841.4	3272.6	2621.7	406.1
1993	9234.0	3373.1	2505.0	2470.0	606.2
1994	9226.4	3230.4	2697.6	2185.0	732.2
1995	9443.8	3125.0	3061.4	2435.6	522.5
1996	11918.3	3614.8	3382.2	4224.7	437.8
1997	11535.5	4600.3	3510.6	2692.2	515.2
1998	9654.5	2795.6	2562.0	3867.4	351.0
1999	12807.7	3863.3	3186.1	5425.0	246.6
2000	11695.1	4018.20	3327.3	4019.2	237.9
2001	11783.9	4440.8	2796.6	4128.1	326.4
2002	10826.3	4201.3	2189.6	4182.0	140.4
2003	9718.9	3677.0	2110.1	3704.9	124.4
2004	8920.0	3449.0	2138.0	3159.0	41.0

数据来源：国家粮食局统计资料。
注：本表系国有粮食企业的粮食收购量。

13. 粮食分品种销售量(1978～2004年)

单位：贸易粮，万吨

年份	粮食销售总量	小麦	大米	玉米	大豆
1978	5343.5	1869.5	1774.0	876.0	162.5
1979	5679.1	1940.5	1826.0	1068.0	180.0
1980	6416.8	2257.0	2014.5	1301.5	204.5
1981	7223.3	2563.5	2123.0	1622.5	239.0
1982	7710.4	2858.0	2289.5	1596.5	272.0
1983	8003.2	3006.0	2497.5	1458.5	289.0
1984	10417.9	3699.5	3438.5	1932.0	355.5
1985	8564.9	3078.5	3006.5	1309.5	323.0
1986	9347.7	3618.0	3244.0	1357.0	321.5
1987	9190.8	3643.5	3080.0	1424.0	355.5
1988	10091.0	3885.0	121.4	1898.5	406.5
1989	8931.1	3522.0	2566.0	1846.0	346.5
1990	9033.3	3575.0	2770.5	1723.0	341.5
1991	10433.0	4085.0	3267.5	2065.0	383.5
1992	9000.0	3481.5	3046.0	1637.5	257.5
1993	6700.3	2848.5	2128.5	1088.0	230.0
1994	7648.4	3328.0	2609.5	1121.5	234.0
1995	9264.2	3707.5	2897.0	1570.0	620.5
1996	7340.9	3090.5	2259.5	1346.5	357.0
1997	6830.7	2439.5	2043.0	1632.5	429.5
1998	6116.0	2137.0	1795.5	1648.5	348.5
1999	9353.3	3137.0	2421.0	3197.5	439.5
2000	12556.9	3962.0	3030.0	4718.5	645.5
2001	8528.6	3225.5	2154.0	2577.0	439.0
2002	12070.1	4733.0	3155.5	3551.5	510.5
2003	13327.6	5458.5	3520.5	3817.0	361.0
2004	11944.0	4641.0	3247.0	3575.0	310.0

数据来源：国家粮食局统计资料。
注：本表系国有粮食企业的粮食销售量。

14. 粮食主要品种进口数量(1978～2004年)

单位：万吨

年份	进口总量						
		小麦	大米	大麦	玉米	大豆	薯类
1978	883.2	766.7	17.1		80.4	19.0	
1979	1235.5	871.0	12.4		294.2	57.9	
1980	1342.9	1097.2	14.8		120.8	53.4	
1981	1481.0	1307.0	8.9		67.6	56.8	
1982	1615.2	1353.5	21.9	7.9	156.9	36.2	
1983	1352.9	1110.6	7.9	6.8	210.7		
1984	1041.3	987.1	12.5	4.9	5.5		
1985	600.4	540.9	21.1	3.2	9.1	0.1	
1986	773.1	611.4	32.2	19.9	58.8	29.1	
1987	1628.4	1320.1	54.1	21.1	154.2	27.3	
1988	1533.5	1454.7	31.2	8.1	10.8	15.2	
1989	1657.9	1488.0	93.4	33.1	9.9	2.7	
1990	1372.4	1252.7	5.9	65.2	36.9	3.1	0.4
1991	1345.0	1237.0	14.0	76.4	0.1	0.1	
1992	1174.6	1058.1	10.4	82.9		12.1	
1993	752.1	642.0	10.0	77.4		9.9	
1994	920.0	730.0	52.0	131.8	0.1	5.2	
1995	2226.0	1159.0	200.0	127.4	518.1	174.4	
1996	1411.0	825.0	76.0	130.8	44.0	298.8	
1997	1043.0	186.0	35.9	180.0	0.3	626.0	
1998	708.0	149.0	24.0	152.0	25.0	320.0	
1999	828.0	45.0	17.0	227.0		489.0	
2000	1408.0	88.0	24.0	197.0		1093.0	
2001	1743.0	69.0	27.0	237.0		1399.0	
2002	1417.0	60.0	24.0	191.0	0.8	1132.1	
2003	2293.3	43.0	37.1	136.0	0.1	2074.2	
2004	2998.0	726.0	77.0	171.0		2023.0	

数据来源：海关总署统计年报；2004年数据来自国家发改委统计资料。
注：大豆的进口数中包括饼粕。

15. 粮食主要品种出口数量(1978～2004年)

单位：万吨

年份	出口总量						
		小麦	大米	大麦	玉米	大豆	薯类
1978	187.5	1.1	143.5		19.7	11.5	8.8
1979	165.0	1.6	105.5		12.1	30.5	13.4
1980	162.0	1.8	111.5		19.9	11.5	14.3
1981	105.7	0.5	58.8		14.1	13.8	5.4
1982	91.3	0.1	46.9		6.8	14.9	7.7
1983	130.5	0.1	57.6		6.1	34.8	13.3
1984	332.2	0.8	116.3		95.1	83.6	12.4
1985	972.5	1.1	100.4		633.7	113.6	39.3
1986	982.7	0.5	94.9		564.1	136.8	43.2
1987	792.7	0.7	102.2		391.6	171.0	54.8
1988	777.6	0.7	69.8		392.2	147.7	60.0
1989	687.9	0.7	31.4		350.2	124.8	31.6
1990	625.1	0.7	32.6		340.4	94.0	34.9
1991	1086.0		69.0		778.0	119.6	
1992	1364.1	0.3	95.3	0.1	1031.4	65.8	
1993	1535.0	29.1	143.0		1110.0	73.0	
1994	1503.0	26.8	152.0		874.0	198.0	
1995	214.0	22.5	5.0		11.5	29.8	
1996	205.0	56.5	27.0		16.0	26.0	
1997	913.0	45.8	94.0		661.0	21.0	
1998	953.0	27.0	375.0		469.0	17.0	
1999	839.0	16.4	271.0	1.0	431.0	20.0	
2000	1456.0	18.8	295.0		1047.0	21.0	
2001	973.0	71.3	186.0		600.0	25.0	
2002	1596.0	69.9	199.0		1167.0	28.0	
2003	2437.3	251.4	261.0		1639.1	27.0	
2004	506.0	78.3	91.0		232.0	33.0	

数据来源：海关总署统计年报；2004年数据来自国家发改委统计资料。
注：大豆的出口数中包括饼粕。

16. 2004年全国粮食主产区农户实际售粮价格分月情况表

单位：元/50公斤

月份	粮食平均	稻谷					小麦	玉米
		平均	早籼稻	中籼稻	晚籼稻	粳稻		
1月	61.8	65.4	59.8	62.1	66.0	73.5	66.7	53.3
2月	63.4	69.4	67.9	64.6	68.7	76.5	68.4	52.4
3月	70.6	82.0	81.2	76.0	81.7	89.0	75.7	54.2
4月	74.1	83.7	79.8	80.1	86.5	88.5	79.6	59.1
5月	74.1	83.4	79.3	80.3	86.3	87.8	76.9	61.9
6月	73.5	83.2	78.3	80.6	85.9	88.1	74.6	62.7
7月	73.0	81.7	75.7	79.7	83.9	87.7	74.3	62.9
8月	73.3	80.7	74.4	77.0	83.0	88.7	75.5	63.7
9月	73.4	80.8	75.1	75.5	83.1	89.6	77.0	62.4
10月	72.5	79.8	74.9	75.6	83.4	85.2	78.3	59.5
11月	71.3	79.1	75.0	75.3	81.8	84.3	77.6	57.3
12月	71.2	79.2	74.7	75.8	81.4	84.9	78.0	56.3
全年平均	71.0	79.0	74.7	75.2	81.0	85.3	75.2	58.8

数据来源：国家发改委统计资料。

17. 2004年粮食主要品种批发市场价格

单位：元/吨

	小麦	玉米	早籼米	晚籼米	粳米	大豆
1月上旬	1420	1264	1855	1967	2200	3045
1月中旬	1413	1279	1800	2050	2200	3030
1月下旬	1430	1234	1855	1967	2205	3050
2月上旬	1430	1230	1900	2000	2250	3001
2月中旬	1442	1211	2036	2179	2300	3045
2月下旬	1477	1223	2025	2174	2425	3068
3月上旬	1508	1243	2324	2469	2580	3120
3月中旬	1547	1255	2433	2608	2780	3419
3月下旬	1642	1325	2520	2590	2900	3515

续表

	小麦	玉米	早籼米	晚籼米	粳米	大豆
4月上旬	1653	1345	2502	2624	2890	3659
4月中旬	1626	1331	2511	2587	2890	3651
4月下旬	1586	1328	2521	2547	2725	3692
5月上旬	1564	1312	2450	2535	2800	3400
5月中旬	1561	1320	2502	2511	2850	3592
5月下旬	1563	1322	2471	2509	2835	3583
6月上旬	1517	1325	2469	2518	2800	3469
6月中旬	1512	1327	2432	2501	2810	3380
6月下旬	1498	1328	2407	2522	2820	3389
7月上旬	1519	1343	2359	2460	2820	3453
7月中旬	1524	1337	2352	2540	2800	3401
7月下旬	1545.39	1355.78	2304	2484	2790	3478.5
8月上旬	1552	1352	2297	2508	2780	3434
8月中旬	1557	1363	2314	2497	2810	3473
8月下旬	1569	1358	2312	2492	2820	3383
9月上旬	1587	1366	2282	2477	2880	3413
9月中旬	1611	1360	2294	2500	2880	3414
9月下旬	1614	1347	2200	2440	2880	3334
10月上旬	1630	1324	2223	2443	2900	3190
10月中旬	1622	1314	2237	2422	2880	3059
10月下旬	1605	1276	2255	2400	2830	2967
11月上旬	1597	1258	2243	2365	2800	2672
11月中旬	1594	1243	2227	2365	2700	2876
11月下旬	1588	1210	2215	2334	2680	2814
12月上旬	1596	1204	2243	2328	2700	2818
12月中旬	1595	1217	2256	2319	2720	2810
12月下旬	1601.6	1207.6	2256	2330	2710	2798

数据来源：国家发改委统计资料。

18. 2004年粮油加工业生产、经营情况表

	企业单位（个）	年生产能力（万吨）		销售收入（万元）	利润总额（万元）	年末从业人数（人）
入统总单位	8546	—		24451509	174555	347949
其中：国有企业	1949	—		2648934	−14427	91064
外商及港澳台投资企业	105	—		5142678	21131	29900
一、大米加工业	5666	9463.0		7119623	92202	114895
其中：国有企业	1228	2543.1		1377625	732	37441
外商及港澳台投资企业	23	106.6		56363	9275	1328
二、小麦粉加工业	1990	6508.0		6103958	45520	115880
其中：国有企业	520	1289.6		736785	−8574	34332
外商及港澳台投资企业	36	314.5		674312	3467	5018
		油料处理	精炼			
三、食用植物油加工业	890	5138.1	1460.5	11366260	36833	117174
其中：国有企业	201	648.7	165.8	534524	−6584	19291
外商及港澳台投资企业	46	984.1	344.5	4412003	8390	23554

数据来源：中国粮食行业协会《2004年度粮油加工业统计年报汇编》。

19. 2004 年各地区粮油加工业主要经济指标

地区	企业单位（个）	工业产值（万元）	出口值（万元）	利润总额（万元）	从业人数（人）
全国总计	**8546**	**24589841**	**502001**	**174554**	**347949**
北京	12	85188	626	1690	1056
天津	56	407970	2066	−7582	3070
河北	163	1754433	59939	18680	11679
山西	80	71031		−4155	3772
内蒙古	15	130446		852	1045
辽宁	264	834382	31241	−12608	9143
吉林	206	618331	29715	−15967	23568
黑龙江	480	1296736	34438	35569	27337
上海	15	712657	187	17787	3310
江苏	546	3233291	55932	27804	26778
浙江	147	715031	190	−19588	5706
安徽	412	1548033	158027	44582	33738
福建	334	1019829	213	−565	8363
江西	1165	635933	24731	11036	17349
山东	195	3032973	37023	28761	31901
河南	498	3419127		22603	38703
湖北	1580	1232792		9417	30622
湖南	105	297312	44	−1273	7179
广东	238	1050832	65481	4393	8116
广西	295	706992	2085	5916	4415
海南	34	16097		−1218	615
重庆	330	156658		2224	5284
四川	440	579941		4457	11729
贵州	113	101148		−1363	3492
云南	195	106770	37	−2463	4270
西藏	10	1589		58	234
陕西	183	259389		118	8942
甘肃	165	128905	4	178	4660
青海	16	22816		−51	1315
宁夏	60	22039		−175	724
新疆	194	391171	21	5435	9834
其中:兵团	58	64522		2944	3086

数据来源：中国粮食行业协会《2004 年度粮油加工业统计年报汇编》。

20. 2004年度全国粮库流通设施情况表

地区或单位	专用码头			铁路专用线		
	企业数(户)	泊位数量(户)	总吨位(万吨)	企业数(户)	总长度(千米)	其中有效长度(千米)
全国总计	930	1810	134.3	1142	1397.0	706.8
地方小计	911	1768	118.4	946	1050.1	547.8
北京市				15	28.6	13.6
天津市				12	17.5	11.8
河北省				41	40.5	22.4
山西省				38	43.2	18.9
内蒙古自治区				61	76.0	45.6
辽宁省	1	1	1.0	122	109.4	55.9
吉林省	1	1	0.2	133	146.8	69.0
黑龙江	27	34	9.7	171	175.4	112.8
上海市	40	89	3.0	2	6.1	1.1
江苏省	604	1238	69.2	7	8.0	4.5
浙江省	69	108	3.0	13	13.4	7.8
安徽省	31	60	4.5	23	22.8	11.9
福建省	5	5	0.8	9	7.7	1.9
江西省	16	19	3.2	26	30.3	8.8
山东省	1	3	0.3	31	33.9	19.5
河南省	2	2	1.1	65	97.5	44.5
湖北省	24	28	5.4	20	22.0	9.4
湖南省	33	60	3.0	27	24.9	12.0
广东省	37	92	6.8	13	9.3	4.8
广西壮族自治区	6	7	4.0	18	21.7	9.2
海南省						
重庆市	8	13	2.7	2	3.4	0.5
四川省	5	7	0.5	24	29.7	16.0
贵州省	1	1		13	7.5	4.2
云南省				8	18.9	6.1
西藏自治区				1	2.2	1.5
陕西省				14	12.8	8.9
甘肃省				24	19.6	10.8
青海省				4	9.6	6.4
宁夏回族自治区				7	9.8	6.6
新疆维吾尔自治区				2	1.7	1.2
新疆兵团						
中央单位小计	19	42	15.9	196	347.0	159.0

数据来源：国家粮食局统计资料。

21. 国有粮食企业单位统计表(1998～2004年)

地区	国有粮食企业数（个）						
	1998年	1999年	2000年	2001年	2002年	2003年	2004年
全国总计	53240	51807	48203	45686	42485	39495	34302
北　京	495	462	404	364	313	581	218
天　津	394	408	417	394	369	337	321
河　北	3679	3716	3654	3583	3640	3205	1924
山　西	2486	2460	2440	2342	2297	2242	2242
内蒙古	1494	1295	1165	1007	953	903	739
辽　宁	1616	1589	1446	1440	924	899	1014
吉　林	1426	1397	1377	1315	1282	1244	1244
黑龙江	2009	1996	1972	1842	1803	1746	1746
上　海	738	662	798	717	471	375	197
江　苏	3385	3355	3256	3112	2729	2345	2140
浙　江	1267	1103	854	657	507	432	388
安　徽	2104	2066	1968	1909	1817	1682	1277
福　建	1301	1092	948	852	823	750	704
江　西	2633	2514	2400	2342	1972	1800	1679
山　东	3370	3226	2967	2801	3121	3025	2887
河　南	3696	3714	3519	3526	3548	3792	3470
湖　北	2478	2791	2162	1837	1593	1458	1286
湖　南	2162	2210	2156	2078	1938	1164	1070
广　东	2436	2391	2271	2163	1884	1787	1555
海　南	551	589	567	562	555	562	543
广　西	2777	2791	2559	2377	2319	2242	2069
四　川	2539	2526	1900	1820	1554	1258	1067
重　庆	704	821	753	668	611	555	415
贵　州	1112	871	909	1009	906	647	647
云　南	1245	1005	899	933	823	688	244
西　藏	102	103	104	103	104	104	111
陕　西	1706	1616	1547	1491	1513	1483	1325
甘　肃	1844	1682	1623	1423	1319	1293	1172
青　海	273	259	258	220	174	128	148
宁　夏	418	392	351	330	219	195	198
新　疆	800	705	559	469	404	335	262
中　谷						220	225
中　储						18	105

数据来源：国家粮食局统计资料。
注：国有企业指国有独资、国有控股、国有参股的独立核算粮食企业；含国有粮食购销企业、附营企业。

22. 国有粮食购销企业单位统计表(1998～2004 年)

地区	国有粮食购销企业数（个）						
	1998 年	1999 年	2000 年	2001 年	2002 年	2003 年	2004 年
全国总计	30434	27033	26010	25077	23429	22345	20522
北 京	161	138	135	129	97	80	105
天 津	72	75	78	70	76	68	63
河 北	2237	2252	2244	2304	2210	2210	1196
山 西	1251	1210	1197	1196	1185	1181	1200
内蒙古	911	797	753	738	722	698	658
辽 宁	915	889	899	897	593	511	693
吉 林	843	846	849	847	848	850	850
黑龙江	706	706	703	703	655	655	655
上 海	235	227	221	200	173	133	113
江 苏	2016	1985	1890	1850	1689	1564	1532
浙 江	430	389	314	268	223	210	158
安 徽	1093	1024	959	966	979	987	796
福 建	676	460	392	361	349	338	354
江 西	1559	1443	1342	1291	1224	1030	1059
山 东	1937	1136	1009	663	622	616	871
河 南	2405	2439	2425	2435	2423	2468	2267
湖 北	1498	1040	890	771	755	735	721
湖 南	1213	1200	1208	1207	1112	706	657
广 东	1713	1706	1673	1610	1473	1380	1233
海 南	244	246	242	245	244	254	255
广 西	1262	1273	1201	1120	1059	1059	1096
四 川	1957	1210	1201	1152	1082	950	877
重 庆	416	377	370	345	336	336	274
贵 州	708	349	377	389	303	196	200
云 南	893	675	586	550	534	454	194
西 藏	89	99	92	99	99	99	98
陕 西	1087	985	946	929	950	976	1009
甘 肃	1116	1113	1085	1065	1026	1028	955
青 海	86	78	82	83	72	68	69
宁 夏	331	331	336	338	121	117	181
新 疆	374	335	311	256	195	150	133
中 谷						220	225
中 储						18	75

数据来源：国家粮食局统计资料。

23. 国有粮食企业职工人数统计表(1998～2004 年)

地区	国有粮食企业职工人数（人）						
	1998 年	1999 年	2000 年	2001 年	2002 年	2003 年	2004 年
全国总计	3305658	3187879	2980607	2727737	2325409	2050871	1663262
北　京	35583	33702	26996	20222	14930	13024	8881
天　津	30534	26576	23302	19755	18155	16576	14171
河　北	139321	139220	139998	134494	126453	126308	81637
山　西	72619	70881	70796	68333	67810	66311	66311
内蒙古	98706	84870	71331	61720	65256	49926	34650
辽　宁	223957	198172	187206	163812	42012	21468	19618
吉　林	212519	212427	213760	208136	209344	207916	207916
黑龙江	243761	241559	237815	228346	210915	200438	190651
上　海	39178	37917	35146	30161	23904	18808	16389
江　苏	230867	227307	209331	183041	109697	86517	74817
浙　江	80860	69625	50698	37595	25691	20619	16897
安　徽	176685	181264	180733	172273	142775	80661	64689
福　建	49646	46857	33507	24082	20490	16657	13307
江　西	135531	139376	139004	128808	110644	79428	70169
山　东	198931	216849	203514	200621	186113	190458	193496
河　南	262501	264778	269796	273191	273253	279174	132601
湖　北	246071	209015	171465	121738	96268	84447	53697
湖　南	137146	137426	135156	129110	121348	75318	70324
广　东	107051	102625	93980	87057	74119	68233	54849
海　南	16599	16376	16206	14465	13430	11522	13422
广　西	59317	58042	56066	52272	48824	46781	41423
四　川	171024	157281	118123	90047	69866	44914	43671
重　庆	59448	52049	46257	38218	27085	20091	14300
贵　州	43569	44014	42076	42625	40670	29869	29488
云　南	40956	39657	37841	35627	32242	28638	14475
西　藏	4510	4517	4593	4493	4583	4450	4375
陕　西	80632	77505	73506	70397	70627	70607	68106
甘　肃	42432	40407	39602	44351	39520	36642	32769
青　海	8409	7991	7552	5856	4481	3499	3185
宁　夏	12278	11330	10237	9385	7754	3840	908
新　疆	45017	38264	35014	27506	27150	26859	12070
中　谷						18169	18671
中　储						2703	2883

数据来源：国家粮食局统计资料。

注：国有企业指国有独资、国有控股、国有参股的独立核算粮食企业；含国有粮食购销企业、附营企业。

24. 国有粮食购销企业职工人数统计表(1998～2004 年)

地区	国有粮食购销企业职工人数（人）						
	1998 年	1999 年	2000 年	2001 年	2002 年	2003 年	2004 年
全国总计	1947633	1816283	1729560	1675520	1442311	1277643	1047489
北　京	19479	19300	14509	11247	8138	6404	5503
天　津	5684	5711	7074	5743	6397	5440	5375
河　北	79943	79629	79938	83154	65401	64300	48429
山　西	31031	30882	30897	31897	30429	31518	37652
内蒙古	65770	57063	54363	50582	55767	42654	33214
辽　宁	138410	129708	129550	126523	32870	17186	15984
吉　林	151626	154380	158432	160432	165828	167269	167269
黑龙江	132582	132773	132321	133273	129720	129720	119741
上　海	17827	16541	14491	11994	8875	6728	5959
江　苏	112008	118686	103332	101341	43329	39897	37077
浙　江	34343	30988	19372	15647	11848	10968	9789
安　徽	110747	121024	112436	100511	96353	41202	36568
福　建	26281	25044	18338	12356	10948	8622	7476
江　西	78980	82184	79790	79640	73678	55173	52981
山　东	85621	82213	80094	81775	71292	70017	88543
河　南	179550	185921	189745	201211	205294	209789	56601
湖　北	147830	77632	74437	52099	45473	42272	34026
湖　南	84702	81342	82464	83010	81552	52391	47395
广　东	79049	76206	72332	67235	56681	52666	45347
海　南	7554	6610	6620	6424	5992	6058	6652
广　西	24941	24224	23407	23000	21580	21138	20905
四　川	136100	95273	72698	64769	51853	35127	34838
重　庆	41947	31002	28579	25440	19967	15288	11000
贵　州	26561	25247	24096	23577	23611	13459	13078
云　南	27764	26466	24789	23487	21273	19524	11449
西　藏	3201	3589	3552	3252	3547	3500	3373
陕　西	44032	42834	42524	42083	43567	45647	52202
甘　肃	23881	24768	25201	30916	29746	25062	27899
青　海	2192	2117	2151	2059	1778	1553	1597
宁　夏	6652	6081	5924	5984	5479	2769	908
新　疆	21345	20845	16104	14859	14045	13430	8659
中　谷						18169	18671
中　储						2703	2883

数据来源：国家粮食局统计资料。

25. 2004年发布的《粮食信息分类与编码》行业标准

2004年7月1日实施

标准编号	标准名称
LS/T 1700—2004	《粮食信息分类与编码 粮食行政管理机构分类与代码》
LS/T 1701—2004	《粮食信息分类与编码 粮食企业分类与代码》
LS/T 1702—2004	《粮食信息分类与编码 粮食属性分类与代码》
LS/T 1703—2004	《粮食信息分类与编码 粮食及加工产品分类与代码》
LS/T 1704.1—2004	《粮食信息分类与编码 粮食检验分类与代码 粮食检验 第1部分：指标分类与代码》
LS/T 1704.2—2004	《粮食信息分类与编码 粮食检验分类与代码 粮食检验 第2部分：质量标准分类与 代码》
LS/T 1704.3—2004	《粮食信息分类与编码 粮食检验分类与代码 粮食检验 第3部分：标准方法分类与代码》
LS/T 1705—2004	《粮食信息分类与编码 粮食设施分类与代码》
LS/T 1706—2004	《粮食信息分类与编码 粮食设备分类与代码》
LS/T 1707.1—2004	《粮食信息分类与编码 粮食仓储分类与代码 粮食仓储 第1部分：仓储作业分类与代码》
LS/T 1707.2—2004	《粮食信息分类与编码 粮食仓储分类与代码 粮食仓储 第2部分：粮情监测分类与代码》
LS/T 1707.1—2004	《粮食信息分类与编码 粮食仓储分类与代码 粮食仓储 第3部分：器材分类与代码》
LS/T 1708.1—2004	《粮食信息分类与编码 粮食加工作业分类与代码》
LS/T 1708.2—2004	《粮食信息分类与编码 粮食加工技术经济指标分类与代码》
LS/T 1709—2004	《粮食信息分类与编码 粮食储粮病虫害分类与代码》
LS/T 1710—2004	《粮食信息分类与编码 粮食仓储业务统计分类与代码》
LS/T 1711—2004	《粮食信息分类与编码 财务会计分类与代码》
LS/T 1712—2004	《粮食信息分类与编码 粮食贸易业务统计分类与代码》

26. 2004 年废止的国家标准

序号	标准编号	标准名称
1	LS/T 3226—1987	大豆色拉油
2	LS/T 3227—1987	菜籽色拉油
3	LS/T 3228—1988	花生色拉油
4	LS/T 3229—1988	棉籽色拉油
5	LS/T 3230—1988	葵花籽色拉油
6	LS/T 3231—1988	米糠色拉油
7	LS/T 3232—1988	花生高级烹调油
8	LS/T 3233—1988	棉籽高级烹调油
9	LS/T 3234—1988	葵花籽高级烹调油
10	LS/T 3235—1988	米糠高级烹调油
11	LS/T 3236—1987	高级菜籽烹调油
12	LS/T 3237—1987	高级大豆烹调油
13	LS/T 3238—1987	玉米胚油
14	LS/T 3239—1989	精炼米糠油

27. 2004 年标准代号转化明细表

一、产品质量标准

序号	标　准　名　称	原标准代号	现标准代号
1	大麦	ZB B 22010—85	LS/T 3101—1985
2	燕麦	ZB B 22011—85	LS/T 3102—1985
3	菜豆（芸豆）、豇豆、精米豆（竹豆、揽豆）、扁豆	ZB B 23006—85	LS/T 3103—1985
4	甘薯（地瓜、红薯、白薯、红苕、番薯）	ZB B 23007—85	LS/T 3104—1985
5	甘薯片	ZB X 11007—85	LS/T 3105—1985
6	马铃薯（土豆、洋芋）	ZB B 23008—85	LS/T 3106—1985
7	蓖麻籽	ZB B 33004—85	LS/T 3107—1985
8	面包用小麦粉	SB/T 10136—93	LS/T 3201—1993
9	面条用小麦粉	SB/T 10137—93	LS/T 3202—1993
10	饺子用小麦粉	SB/T 10138—93	LS/T 3203—1993
11	馒头用小麦粉	SB/T 10139—93	LS/T 3204—1993
12	发酵饼干用小麦粉	SB/T 10140—93	LS/T 3205—1993
13	酥性饼干用小麦粉	SB/T 10141—93	LS/T 3206—1993
14	蛋糕用小麦粉	SB/T 10142—93	LS/T 3207—1993

续表-1

序号	标　准　名　称	原标准代号	现标准代号
15	糕点用小麦粉	SB/T 10143—93	LS/T 3208—1993
16	自发小麦粉	SB/T 10144—93	LS/T 3209—1993
17	小麦胚（胚片、胚粉）	SB/T 10145—93	LS/T 3210—1993
18	方便面	SB/T 10250—95	LS/T 3211—1995
19	挂面	SB/T 10068—92	LS/T 3212—1992
20	花色挂面	SB/T 10069—92	LS/T 3213—1992
21	手工面	SB/T 10070—92	LS/T 3214—1992
22	高粱米	ZB X 11004—85	LS/T 3215—1985
23	豆浆晶	ZB X 11014—89	LS/T 3216—1989
24	人造奶油（人造黄油）	ZB X 14010—87	LS/T 3217—1987
25	起酥油	SB/T 10073—92	LS/T 3218—1992
26	磷脂通用技术条件	SB/T 10206—94	LS/T 3219—1994
27	芝麻酱	SB/T 10260—1996	LS/T 3220—1996
28	可可豆	SB/T 10208—94	LS/T 3221—1994
29	可可粉	SB/T 10209—94	LS/T 3222—1994
30	可可脂	SB/T 10210—94	LS/T 3223—1994
31	可可液块	SB/T 10211—94	LS/T 3224—1994
32	食品添加剂 改性大豆磷脂	GB 12486—90	LS/T 3225—1990
33	大豆色拉油	GB 7653—87	LS/T 3226—1987
34	菜籽色拉油	GB 7654—87	LS/T 3227—1987
35	花生色拉油	GB 9849.1—88	LS/T 3228—1988
36	棉籽色拉油	GB 9849.2—88	LS/T 3229—1988
37	葵花籽色拉油	GB 9849.3—88	LS/T 3230—1988
38	米糠色拉油	GB 9849.4—88	LS/T 3231—1988
39	花生高级烹调油	GB 9850.1—88	LS/T 3232—1988
40	棉籽高级烹调油	GB 9850.2—88	LS/T 3233—1988
41	葵花籽高级烹调油	GB 9850.3—88	LS/T 3234—1988
42	米糠高级烹调油	GB 9850.4—88	LS/T 3235—1988
43	高级菜籽烹调油	ZB X 14011—87	LS/T 3236—1987
44	高级大豆烹调油	ZB X 14012—87	LS/T 3237—1987
45	玉米胚油	ZB X 14013—87	LS/T 3238—1987
46	精炼米糠油	ZB X 14014—89	LS/T 3239—1989

二、粮油机械标准

续表-2

序号	标 准 名 称	原标准代号	现标准代号
47	粮油加工机械通用技术条件 基本技术要求	SB/T 10148.1—93	LS/T 3501.1—1993
48	粮油加工机械通用技术条件 机械加工技术要求	SB/T 10148.2—93	LS/T 3501.2—1993
49	粮油加工机械通用技术条件 装配技术要求	SB/T 10148.3—93	LS/T 3501.3—1993
50	粮油加工机械通用技术条件 铸件	SB/T 10148.4—93	LS/T 3501.4—1993
51	粮油加工机械通用技术条件 板件、板型钢构件技术要求	SB/T 10148.5—93	LS/T 3501.5—1993
52	粮油加工机械通用技术条件 焊接件	SB/T 10148.6—93	LS/T 3501.6—1993
53	粮油加工机械通用技术条件 木制件	SB/T 10148.7—93	LS/T 3501.7—1993
54	粮油加工机械通用技术条件 液压系统技术要求	SB/T 10148.8—93	LS/T 3501.8—1993
55	粮油加工机械通用技术条件 电气装置技术要求	SB/T 10148.9—93	LS/T 3501.9—1993
56	粮油加工机械通用技术条件 表面涂漆	SB/T 10148.10—93	LS/T 3501.10—1993
57	粮油加工机械通用技术条件 产品检验规则	SB/T 10148.11—93	LS/T 3501.11—1993
58	粮油加工机械通用技术条件 产品包装	SB/T 10148.12—93	LS/T 3501.12—1993
59	粮油加工机械通用技术条件 产品的标志、运输和储存	SB/T 10148.13—93	LS/T 3501.13—1993
60	粮油饲料机械产品型号编制方法	SB/T 10253—95	LS/T 3502—1995
61	圆筒初清筛	GB 8698—88	LS/T 3503—1988
62	鼠笼初清筛	GB 8699—88	LS/T 3504—1988
63	自衡振动筛	GB 8700—88	LS/T 3505—1988
64	网带初清筛	GB 8701—88	LS/T 3506—1988
65	螺旋打包机	SB/T 10067—92	LS/T 3507—1992
66	微量着水机	SB/T 10106—92	LS/T 3508—1992
67	着水混合机	SB/T 10108—92	LS/T 3509—1992
68	重力分级去石机	SB/T 10149—93	LS/T 3510—1993
69	气压磨粉机	SB/T 10150—93	LS/T 3511—1993
70	液压磨粉机	SB/T 10151—93	LS/T 3512—1993
71	磨辊	SB/T 10152—93	LS/T 3513—1993
72	粮食斗式提升机	SB/T 10081—92	LS/T 3514—1992
73	粮食带式输送机	SB/T 10082—92	LS/T 3515—1992
74	粮食干燥机技术条件	GB 8876—88	LS/T 3516—1988
75	固定吸粮机技术条件	SB/T 10083—92	LS/T 3517—1992
76	固定吸粮机试验方法	SB/T 10207—94	LS/T 3518—1994

续表 -3

序号	标 准 名 称	原标准代号	现标准代号
77	粮食初清筛试验方法	GB 8697—88	LS/T 3519—1988
78	比重去石机通用技术条件	SB/T 10241—95	LS/T 3520—1995
79	高速除稗筛通用技术条件	SB/T 10242—95	LS/T 3521—1995
80	砂辊碾米机通用技术条件	SB/T 10243—93	LS/T 3522—1993
81	喷风碾米机通用技术条件	SB/T 10244—93	LS/T 3523—1993
82	平转谷糙分离筛通用技术条件	SB/T 10245—93	LS/T 3524—1993
83	平转白米分级筛通用技术条件	SB/T 10246—93	LS/T 3525—1993
84	液压磨光拉丝机	SB/T 10254—95	LS/T 3526—1995
85	高方平筛	SB/T 10255—95	LS/T 3527—1995
86	平面回转筛	SB/T 10256—95	LS/T 3528—1995
87	刮板输送机	SB/T 10257—95	LS/T 3529—1995
88	水平螺旋输送机	SB/T 10258—95	LS/T 3530—1995
89	叶轮关风器	SB/T 10259—95	LS/T 3531—1995
90	预制溜管	LS 82—85	LS/T 3532—1985
91	油料轧辊	SB/T 10066—92	LS/T 3533—1992
92	弹簧轧坯机	GB 8620—88	LS/T 3534—1988
93	螺旋榨油机	GB 8933—88	LS/T 3535—1988
94	螺旋榨油机试验方法	LS 83—85	LS/T 3536—1985
95	平转浸出器	SB/T 10107—92	LS/T 3537—1992
96	浸出粕立式脱溶机	SB/T 10109—92	LS/T 3538—1992
97	混合油层碟式降膜气提塔	SB/T 10110—92	LS/T 3539—1992
98	混合油长管蒸发器	SB/T 10111—92	LS/T 3540—1992
99	YZYX10 螺旋榨油机技术条件	SB/T 10112—92	LS/T 3541—1992
100	卧式螺带混合机	SB/T 10113—92	LS/T 3542—1992
101	植物油浸出成套设备验收技术条件	ZB X 91001—87	LS/T 3543—1987

三、综合性标准

续表-4

序号	标 准 名 称	原标准代号	现标准代号
102	粮食包装 麻袋	GB 8115—87	LS/T 3801—1987
103	粮食包装 面粉袋	GB 8665—88	LS/T 3802—1988
104	粮油仓储设备名词术语	GB 8900—88	LS/T 1101—1988
105	粮食、油料及其加工产品性质和质量的名词术语	GB 8934—88	LS/T 1102—1988
106	原粮油料形态学和结构学术语	SB/T 10074—92	LS/T 1103—1992
107	面条类生产工业用语	SB/T 10075—93	LS/T 1104—1993
108	挂面生产工艺技术规程	SB/T 10072—92	LS/T 1206—1992
109	挂面生产工艺测定方法	SB/T 10071—92	LS/T 1207—1992
110	植物油生产工艺测定规程	SB/T 10134—92	LS/T 1208—1992
111	HGT-1000 型谷物容重器	SB/T 10146—93	LS/T 3701—1993
112	检验用谷物选筛	SB/T 10147—93	LS/T 3702—1993
113	小麦粉面筋测定仪	SB/T 10249—95	LS/T 3703—1995
114	小麦粉湿面筋质量测定法 面筋指数法	SB/T 10248—95	LS/T 6102—1995

二、2004年粮食流通体制改革大事记

2月

2月，劳动和社会保障部印发《关于成立国家粮食局职业技能鉴定指导中心和印发粮食行业特有工种职业技能鉴定实施办法（试行）的函》，批准成立国家粮食局职业技能鉴定指导中心。

2月29日至3月1日，全国国有粮食企业会计报表会审汇编会议在昆明召开。会议表彰了2003年度全国粮食会计报表及财务分析工作先进单位，分析了国有粮食企业财务盈亏情况。

3月

3月，国家发展改革委、国家粮食局、国家标准化管理委员会联合印发了《稻谷储存品质判定规则》和《玉米储存品质判定规则》。

3月23日，国务院召开农业和粮食工作会议。会议提出要认清当前粮食形势，千方百计增加粮食生产，同时要确保粮食市场稳定。

4月

4月，国家粮食局部署全国粮食库存清查工作。国家粮食局与有关部门组成联合工作组，开始对部分省（区、市）粮食库存情况进行抽查。重点是库存粮食的数量和质量，抽查对象以国有粮食购销企业的商品周转粮为主，兼顾中央储备粮和地方储备粮。

4月27日至28日，国有粮食购销企业改革座谈会在合肥召开。会议主要研究粮食购销市场化后，如何深化国有粮食企业改革，发挥国有粮食企业主渠道作用。

5月

5月8日至9日，国家科技部批准项目，中国粮食研究培训中心负责组织的“21世纪初期中国粮食安全发展战略与对策研究”课题开题会议召开。聂振邦同志主持了开题会议，并阐述了开展21世纪初期（10～15年）中国粮食安全发展战略研究的重要意义，提出了课题研究的指导思想、研究重点和研究方法。国家发展改革委、农业部等部门和有关研究单位的专家对课题的研究方向进行了深入讨论。

5月14日至15日，第五届中国粮油精品绿色食品展示交易会、2004中国杂粮豆类展示交易会和首届中国国际粮油企业发展论坛在南京举办。

5月16日，中国粮食行业协会在南京召开粮食行业食品安全信用体系建设试点工作会。确定39家粮油企业为第一批试点企业。129家粮油企业率先向全国粮油企业发出《粮油食品安全诚信宣言》。

5月23日，国务院发出《国务院关于进一步深化粮食流通体制改革的意见》。决定2004年全面放开粮食收购市场，积极稳妥推进粮食流通体制改革。

5月26日，国务院颁布《粮食流通管理条例》，自公布之日起施行。

5月31日至6月1日，国务院在北京召开全国粮食流通体制改革工作会议。会议的主要任务是研究部署进一步深化粮食流通体制改革工作，切实做好粮食流通体制改革的各项工作，确保粮食流通体制改革的顺利进行。国务院总理温家宝同志做了重要讲话。

6月

6月2日至3日，全国粮食局长工作会议在北京召开，会议内容是落实全国粮食流通体制改革工作会议精神，研究粮食部门贯彻落实《国务院关于进一步深化粮食流通体制改革的意见》和《粮食流通管理条例》的具体措施；总结一年来粮食流通工作，交流各地在粮食流通体制改革、国有粮食购销企业改革等方面的经验和做法；对下一步粮食流通工作做出部署。

7月

7月23日至24日，国家发展改革委、国家粮食局在北京召开10省（市、区）早籼稻收购工作会议，会议主要内容是落实早籼稻最低收购价政策，做好早籼稻收购工作。

7月下旬，全国粮食市场信息工作会议在福州召开，会议研究了如何在粮食市场全面放开的形势下做好粮食市场信息工作及如何建立粮食市场监测和预警体系。

8月

8月，经中央机构编制委员会办公室批准，成立国家粮食局发展交流中心。

8月，国家粮食局正式启动了粮食收购资格申请的受理和审核工作，同时下发了《关于抓紧开展粮食收购资格审核工作的紧急通知》，指导、督促各地粮食行政管理部门做好粮食收购资格的审核工作。8月26日，国家粮食局举行首批粮食收购许可证颁发仪式。

9月

9月2日至3日，国务院在呼和浩特召开全国粮食主产省（区）农业生产座谈会。13个粮食主产省介绍了本省贯彻落实中央农业农村政策，促进粮食增产、农民增收的主要做法和经验。

9月7日，国家发展改革委、国家粮食局召开中晚稻收购工作电视电话会议，对进一步贯彻落实好中晚稻最低收购价政策，做好中晚稻收购工作做了部署。

9月14日至15日，农业部和国家粮食局联合举办2004年中国郑州小麦交易会。

9月下旬，全国粮食统计工作会议在乌鲁木齐召开。总结、交流2003年各地社会粮食供需平衡统计调查的做法和经验，会审汇编2003年度粮油统计年报。

10月

10月10日至16日，2004世界粮食日中国宣传周、中国（南昌）稻米交易展示会暨论坛在南昌举办。

11月

11月，国家粮食局认真安排东北地区粮食调运工作。为落实温家宝总理对做好东北粮食调运工作的重要批示精神，国家粮食局及时下发关于做好主销区到主产区采购粮食工作等有关问题的通知，国家粮食局主要负责同志赴辽宁召开由东北地区及北京等有关省（区、市）粮食局负责同志参加的专门会议，研究部署东北地区粮食调运工作。

12月

12月中旬，全国粮食流通监督检查工作会议在北京召开。会议总结2004年、部署2005年全国粮食流通监督检查工作，讨论进一步加强和完善粮食流通监督检查体系建设的具体措施，全面部署粮食流通监督检查工作。

12月中旬，国家粮食局在哈尔滨召开全国粮食统计调查工作会议。会议一是总结2003年全国粮食产需统计抽样调查工作的经验，部署2004年的产需调查工作；二是讨论研究新的粮食流通统计制度实施的准备情况并部署2005年新制度实施工作。

12月24日，国家发展改革委、国家粮食局主持召开粮食流通体制改革专家座谈会，总结几年来粮食流通体制改革工作的经验，研究如何进一步完善直接补贴、最低收购价、企业改革、市场管理等相关政策，提出推进改革的措施意见。

三、2004年国务院重要文件选编

国务院关于进一步深化粮食流通体制改革的意见

（国务院 国发[2004] 17号 2004年5月23日）

1998年以来，各地区、各部门按照党中央、国务院的部署，积极稳妥地推进以市场为取向的粮食流通体制改革，保护广大农民利益，促进农业生产结构调整和粮食生产与流通。随着国民经济市场化程度的提高，粮食流通体制改革的深入和农村税费改革的全面实行，当前进一步推进粮食购销市场化改革的条件已经基本具备。按照党的十六届三中全会精神，国务院决定，在总结经验、完善政策的基础上，2004年全面放开粮食收购市场，积极稳妥推进粮食流通体制改革。粮食流通体制改革，必须有利于粮食生产、有利于种粮农民增收、有利于粮食市场稳定、有利于国家粮食安全，这是实践“三个代表”重要思想的具体体现，各地区、各部门必须充分认识改革的艰巨性和复杂性，统一思想，高度重视，切实把改革的各项政策措施落实到位，确保改革的顺利实施。

一、改革的总体目标、基本思路和实施步骤

（一）深化粮食流通体制改革的总体目标是：在国家宏观调控下，充分发挥市场机制在配置粮食资源中的基础性作用，实现粮食购销市场化和市场主体多元化；建立对种粮农民直接补贴的机制，保护粮食主产区和种粮农民的利益，加强粮食综合生产能力建设；深化国有粮食购销企业改革，切实转换经营机制，发挥国有粮食购销企业的主渠道作用；加强粮食市场管理，维护粮食正常流通秩序；加强粮食工作省长负责制，建立健全适应社会主义市场经济发展要求和符合我国国情的粮食流通体制，确保国家粮食安全。

（二）深化粮食流通体制改革的基本思路是：放开购销市场，直接补贴粮农，转换企业机制，维护市场秩序，加强宏观调控。

（三）深化粮食流通体制改革的步骤和要求是：全面规划，分步实施，因地制宜，分别决策，加强领导，落实责任。

二、放开粮食收购和价格，健全粮食市场体系

（四）积极稳妥地放开粮食主产区的粮食收购市场和粮食收购价格，继续发挥国有粮食购销企业主渠道作用，发展和规范多种市场主体从事粮食收购和经营活动。

（五）转换粮食价格形成机制。一般情况下，粮食收购价格由市场供求形成，国家在充分发挥市场机制的基础上实行宏观调控。要充分发挥价格的导向作用，当粮食供求发生重大变化时，为保证市场供应、保护农民利益，必要时可由国务院决定对短缺的重点粮食品种，在粮食主产区实行最低收购价格。

（六）建立统一、开放、竞争、有序的粮食市场体系。继续办好农村集市贸易。加强粮食批发市场建设，提升市场服务功能，引导企业入市交易。

稳步发展粮食期货市场，规范粮食期货交易行为。取消粮食运输凭证制度和粮食准运证制度，严禁各种形式的粮食区域性封锁，形成公平竞争、规范有序、全国统一的粮食市场。

三、建立直接补贴机制，保护种粮农民利益

（七）结合农村税费改革，2004年起，全面实行对种粮农民的直接补贴。粮食主产省、自治区实行直接补贴的粮食数量，原则上不低于前3年平均商品量的70%。其他省、自治区、直辖市也要比照粮食主产省、自治区的做法，对粮食主产县（市）的种粮农民实行直接补贴。

（八）尽快建立和完善对种粮农民直接补贴的机制。直接补贴的标准，按照能够补偿粮食生产成本并使种粮农民获得适当收益，有利于调动农民种粮积极性、促进粮食生产的原则确定。直接补贴的对象是主产区种粮农民（包括农垦企业、农场的粮食生产者）。直接补贴办法可以按农业计税面积补贴，可以按计税常产补贴，可以按粮食种植面积补贴，可以同种粮农民出售的商品粮数量挂钩。直接补贴资金要真正补到种粮农户，确实起到促进粮食生产和增加种粮农民收入的作用。由财政部会同发展改革委、粮食局等有关部门制定完善直补办法的指导性意见，各省、自治区、直辖市人民政府根据国家的指导性意见，结合本地实际确定具体办法。

（九）粮食风险基金优先用于对种粮农民的直接补贴。2004年，粮食主产省、自治区从粮食风险基金中安排100亿元（占主产区粮食风险基金规模的40%）对种粮农民补贴，以后年度对种粮农民的直接补贴资金要逐年有所增加，经过3年，将现有粮食风险基金的一半用于对种粮农民直接补贴。部分粮食主产省、自治区粮食风险基金用于直接补贴农民不足的，经省级人民政府申请，由中央财政根据粮食风险基金的缺口情况给予借款；仍有缺口的，报经国务院批准，向中国农业发展银行借款，以确保对种粮农民直接补贴资金的落实。其他地方对种粮农民直接补贴的资金，从现有包干的粮食风险基金中安排，粮食风险基金不足的，由省级人民政府自筹资金解决。

（十）要按照公开、公平、公正的原则，认真做好直接补贴的组织和落实工作，保证种粮农民得到实惠。补贴款的兑付可以采取农业税征收和对农民直接发放“征补两条线”，可以直接抵扣农业税，也可以直接补给农民。不论采取哪种方式，都要把对种粮农民直接补贴的计算依据、补贴标准、补贴金额逐级落实到每个农户，并张榜公布，接受农民监督。各地和有关部门要加强对补贴资金的监管，严禁截留、挪用。

四、转换企业经营机制，加快推进国有粮食购销企业改革

（十一）国有粮食购销企业改革的总体要求是：实行政企分开，推进兼并重组，消化历史包袱，分流富余人员，建立健全法人治理结构，使企业真正成为自主经营、自负盈亏的市场主体，提高市场竞争能力，更好地发挥主渠道作用。

（十二）加快国有粮食购销企业产权制度改革，因地制宜实行企业重组和组织结构创新。以现有仓储设施为依托，改造和重组国有独资或国有控股的粮食购销企业，作为政府实行粮食宏观调控的重要载体。承担中央、地方储备粮经营管理和军粮供应任务的粮食企业，原则上实行国有独资、国有控股为主的产权制度。小型国有粮食购销企业，可以根据当地的实际情况进行改组改造和兼并，或租赁、出售、转制。要充分利用和整合企业

现有的粮食仓储、加工、运输设施等资源，发展社会化粮食储运体系、粮油精深加工和粮食产业化经营，推进粮食连锁经营、物流配送等现代流通方式。在全国逐步形成若干个具有竞争力的国有大型粮食企业集团，在粮食经营和宏观调控中发挥重要作用。

（十三）改革国有粮食购销企业内部人事、劳动和分配制度。对企业职工全面实行劳动合同制，企业与职工通过平等协商签订劳动合同，确定劳动关系。在内部岗位管理上，实行聘任制，公开选聘，竞争上岗，经营管理者能上能下，人员能进能出。坚持实行按劳分配原则，建立以岗位为基础，与企业经济效益和个人贡献相联系的激励工资制度；职工工资水平，由企业根据当地社会平均工资和本企业经济效益决定；适当拉开收入差距，允许和鼓励资本、技术等生产要素参与收入分配。改革企业经营者的收入分配办法，根据业绩考核和贡献确定经营者的劳动报酬，建立有效的激励和约束机制。

（十四）地方各级人民政府要将国有粮食企业职工和分流人员统一纳入当地社会保障体系和再就业规划，保护职工合法权益，维护社会稳定。积极扶持国有粮食企业下岗失业人员自谋职业和自主创业。有关部门要积极支持和指导国有粮食企业充分利用各种资源，采取多种方式增加就业岗位，妥善分流安置企业富余人员。国有粮食购销企业分流安置职工、依法解除劳动关系等所需资金，由省级人民政府统筹考虑，采取多渠道解决。黑龙江、吉林省可以与其他省同步改革，也可以先结合社会保障改革试点，切实解决国有粮食购销企业富余人员分流安置问题，为全面实行粮食购销市场化改革创造条件。

（十五）对现有库存中以往按保护价（含定购价）收购的粮食，实行“新老划断、分步销售”。首先用于充实地方粮食储备和政策性供应粮源，其余部分按国务院有关部门安排，用3年时间分批销售，以防止集中销售冲击市场粮价。对尚未销售的库存粮食，继续给予利息和必须的保管费用。这部分粮食按计划销售发生的价差亏损，原则上由粮食风险基金弥补；对部分粮食主产省确因库存粮食数量较多、价差亏损较大，难以用粮食风险基金弥补的，经国务院有关部门批准后，价差亏损实行挂账，利息从粮食风险基金中列支，本金逐步归还。粮食、财政、农业发展银行等有关部门要加强对粮食销售计划执行情况和价差亏损挂账的监管。

对库存的陈化粮食，经国务院批准后按计划统一组织定向销售，严禁倒卖和流入口粮市场。陈化粮价差亏损仍按现行办法解决。

（十六）对1992年3月31日以前经清理认定的粮食财务挂账，按有关规定继续消化。对1992年4月1日至1998年5月31日期间所发生的、经清理认定的粮食财务挂账，财力较好的省、自治区、直辖市，有条件开始消化本金的，可以与财政部单独签订责任书，消化政策按有关规定执行，即由地方消化本金，中央财政全额负担利息。对财力确有困难的省、自治区、直辖市，过渡期再延长5年(2004～2008年),5年内新增粮食财务挂账利息，中央和地方各负担一半。中央和地方负担的利息仍由中央财政和地方财政预算分别单独安排，不得挤占粮食风险基金。对1998年6月1日到放开收购价格和市场，实行市场化改革之前新发生的亏损，由各省级人民政府组织清理、审计，按照“分清责任、分类处理”的原则解决。经审计的各项政策性亏损，利息从粮食风险基金中列支，本金实行挂账，由各省、自治区、直辖市统筹资金限期消化。企业经营性亏损，由企业自行偿还。

五、改革粮食收购资金供应办法，完善信贷资金管理措施

（十七）农业发展银行要保证国家粮食储备和政府调控粮食的信贷资金需要。对中央储备粮和省级储备粮所需资金，要按计划保证供应。对地方政府为调控当地粮食市场供求所需资金，在落实有关费用、利息及价差补贴的前提下，要及时、足额提供贷款。对在农业发展银行开户的国有粮食购销企业，包括改制后落实原有贷款债务、具备贷款条件、继续从事粮食经营的企业，要按企业的风险承受能力确定发放收购资金贷款。同时，对具备粮食收储资格的粮食产业化龙头企业，以及其他粮食企业，农业发展银行可以根据企业风险承受能力提供贷款支持。农业发展银行要加快信贷资金管理方式改革，建立以贷款风险控制为核心的信贷资金管理办法。

（十八）各商业银行也要积极支持粮食生产和经营，对符合贷款条件的各类粮食企业和经营者，应给予贷款支持。

六、加强粮食市场管理，维护粮食正常流通秩序

（十九）继续发挥国有粮食购销企业的主渠道作用，增强政府对粮食市场的调控能力。国有粮食购销企业要积极做好粮食收购和销售工作，带头执行国家粮食政策，尽可能多地掌握粮源，增加市场供应，绝不允许逆向操作。对国有粮食购销企业经营粮食购销业务所需的资金，农业发展银行要积极给予贷款支持。

（二十）严格市场准入制度，既要坚持多渠道经营，又要严格资质标准。凡从事粮食收购的企业，须经县级或县级以上粮食行政管理部门审核入市资格，并在工商行政管理部门注册登记后，方可从事粮食收购和经营活动。省级人民政府要规定粮食收购企业在经营资金、仓储设施、经营规模、检验储存技术等方面应具备的条件，并规定其在遵守法律法规和粮食收购方面应承担的义务。粮食行政管理部门要切实加强对粮食市场的指导和监督，对取得粮食收购资格的企业要进行定期审核。

（二十一）加强对非国有粮食购销企业的服务和监管。地方各级人民政府要依法保障非国有粮食企业的权益，充分发挥其搞活流通、保证市场供应的积极作用，同时也要依法严格规范其经营活动，引导他们合法经营，维护市场正常流通秩序。

（二十二）强化粮食批发、零售市场的管理。从事粮食批发和零售的企业要承担保证市场供应、稳定市场粮价的义务。省级人民政府可以根据粮食供求状况，规定本行政区域内粮食批发商、成品粮加工企业、连锁超市等粮食经营企业在正常情况下的最高库存或最低库存数量。在市场粮价出现不合理上涨时，各地要采取控制批发企业的进销差率和零售企业的批零差率等措施，稳定粮食市场价格。

（二十三）加大对粮食市场的监管和调控力度。所有粮食经营企业，包括收购、批发、零售企业都要建立粮食经营台账制度，定期如实向粮食行政管理部门报告粮食收购、销售和库存数量。所有的粮食经营者都必须服从政府对市场的调控，不得囤积居奇、牟取暴利、哄抬粮价、扰乱市场，也不得压级压价。工商行政管理部门要加强对粮食市场的管理，依法取缔违法经营，严格查处掺杂使假、合同欺诈、囤积居奇、哄抬粮价等各种违法、违规行为，维护正常的粮食流通秩序。质检、卫生部门要加强对粮食加工和销售的质量、卫生检验监督，保护粮食消费者合法权益。

七、加强和改善粮食宏观调控，确保国家粮食安全

（二十四）要严格执行《中华人民共和国土地管理法》和《基本农田保护条例》，实行最严格的耕地保护制度。不得擅自将耕地改为非农业用地，严禁违法违规占用、毁坏农田。土地管理部门和农业部门要依法加强对农用地和农村承包土地的管理。要稳定基本农田面积，加强基本农田建设和保护，确保基本农田保护区落实到村组、农户和地块。严禁在基本农田种树、挖鱼塘，禁止将基本农田用于非农业种植用途。要加大对粮食主产区的扶持力度，扩大粮食播种面积，保护和提高粮食综合生产能力。实施优质粮食产业工程，优化粮食区域布局。增强粮食生产科技储备，改善粮食生产和流通条件。

（二十五）按照中央和省级政府粮食事权划分，健全和完善中央和省级粮食储备制度和调控机制。当局部地区出现粮食供给短缺或农民“卖粮难”时，主要通过销售或收购地方储备粮等方式进行调节；当较大范围出现粮食供不应求或农民“卖粮难”时，通过销售或收购中央储备粮等方式进行调控。

继续完善中央储备粮垂直管理体系，健全中央储备粮的调控功能，做到严格制度、严格管理、严格责任，按粮食储藏年限和库存粮食品质状况实行定期轮换，确保库存粮食数量真实、质量良好。进一步加强中央储备粮的财务管理、库存管理等监督检查，切实做到账实相符。各省级人民政府必须按照“产区保持3个月销量、销区保持6个月销量”的要求，建立地方粮食储备，没有达到国家规定规模的，要逐步充实和补充。中央和地方储备粮的收购、销售、轮换原则上通过规范的批发市场公开交易。

（二十六）继续实行2001年中央对地方粮食风险基金包干的政策，中央补助的资金不减少，地方应配套的资金由省级财政确保及时足额到位。对不能按规定及时足额到位的，报经国务院批准，向中国农业发展银行借款解决；对不申请借款的，由中央财政继续执行扣款强制到位政策。包干的粮食风险基金由地方按照国家规定的用途统筹安排使用，不得用于国家规定用途之外的其他开支。

（二十七）按照立足国内、进出口适当调剂的原则，灵活运用国际市场调剂国内粮食品种和余缺。

（二十八）建立中长期粮食供求总量平衡机制和市场监测预警机制。要分级制定粮食应急保障预案，确定粮食预警调控指标。要加强对粮食市场供求情况的监测分析，实行粮食生产、消费、库存、价格等信息的定期发布制度。完善粮食质量标准体系，改进检测技术和手段，加强对粮食产品的检验检测，保证粮食产品的质量安全。建立、健全和实施无公害、绿色、有机等优质粮食产品的认证和转基因粮油产品标识制度。

（二十九）加快有关法律、法规建设，逐步实现依法管粮。严格执行《中央储备粮管理条例》，完善有关配套规章，认真贯彻《粮食流通管理条例》，依法规范粮食市场。

八、加强组织领导，确保粮食流通体制改革稳步实施

（三十）切实加强对粮食流通体制改革的领导。各地区、各有关部门要按照党中央、国务院的部署，统一思想认识，加强组织领导。各省级人民政府要在国家宏观调控下，按照粮食省长负责制的要求，对本地区粮食生产、流通和安全全面负责。

（三十一）完善粮食省长负责制。省长（主席、市长）在粮食工作方面的责任：一是发展粮食生产，提高粮食综合生产能力。粮食主产区要稳定并逐步增加粮食生产，保障国家粮食安全；主销区要保证粮食播种面积，保证必要的粮食自给率；产销平衡地区要继续稳定粮食产需平衡的局面。二是建立对种粮农民直接补贴机制。确保地方应配套的粮食风险基金足额到位，合理确定对农民直接补贴的标准，做好对种粮农民的直接补贴工作。三是搞好粮食总量平衡。粮食主销区和主产区要按照互利互惠的原则，在市场机制的基础上形成长期稳定的购销合作机制，主销区要积极支持主产区发展粮食生产，使产区调出的粮食有可靠的市场销路，销区调入的粮食有稳定的粮源保障。产区和销区都要做好本区域内粮食供求总量的平衡，保证市场供应。四是管好地方粮食储备。保证地方储备的粮食达到国家要求的规模；保证地方储备粮食适销对路，品质优良；保证地方储备的粮食在需要时调得动，用得上。五是规范粮食市场秩序。禁止地区封锁和地方保护，发挥国有粮食企业的主渠道作用，规范粮食经营者的行为。六是推进国有粮食购销企业改革。切实转换国有粮食购销企业的机制，健全法人治理结构，妥善解决历史包袱，化解各种矛盾，维护社会安定。各省长（主席、市长）应当切实负起责任，由于工作不力造成本地区粮食供求不平衡，引起市场和社会动荡，要追究领导责任。

（三十二）各地区、各有关部门要认真抓好国有粮食购销企业改革。劳动保障部门要指导企业做好职工分流安置、再就业和社会保障工作。对粮食企业依法出售自有产权公房、建筑物收入，以及处置企业使用的划拨土地的收入，应优先留给企业用于缴纳社会保险费和安置职工。对有困难的国有粮食购销企业的生产经营性用房和土地，应减征或免征三年的房产税和城镇土地使用税，对国有粮食购销企业的历史财务挂账，经审计认定后，政策性挂账全部从企业剥离，由县以上（含县级）粮食行政部门集中管理。对企业已经剥离政策性挂账相应占用的农业发展银行的贷款，已办理资产抵押的，应当及时解除抵押关系，帮助企业恢复生存和发展能力。要妥善落实银行贷款债务，防止国有资产流失。

（三十三）稳定和加强粮食行政管理部门机构和人员，切实履行对全社会粮食流通监管的职责，做好国有粮食购销企业改革的协调、监督、检查和指导工作。继续做好军粮、退耕（牧）还林（草）用粮和贫困地区、水库移民、灾民口粮等的供应工作，确保供应及时，质量合格。

（三十四）国务院有关部门要密切配合，切实落实粮食购销市场化改革的各项配套政策措施。粮食行政管理部门要加强对粮食流通体制改革整体方案的组织实施。财政部门要做好粮食风险基金的足额到位和使用监管。工商、质检、卫生、商务等部门要按职能分工，加强粮食市场的监督管理。

（三十五）各粮食主产省、自治区人民政府要按照本意见，制定周密的粮食流通体制改革方案，报国务院备案。各地区、各有关部门要周密部署，精心组织这项改革，及时总结经验，不断完善相关政策，确保粮食流通体制改革的顺利推进。

（三十六）本意见自发布之日起执行。凡此前发布的有关文件、规定与本意见不符的，均以本意见的规定为准。

粮食流通管理条例

（中华人民共和国国务院令第407号 2004年5月26日）

第一章 总 则

第一条 为了保护粮食生产者的积极性，促进粮食生产，维护经营者、消费者的合法权益，保障国家粮食安全，维护粮食流通秩序，根据有关法律，制定本条例。

第二条 在中华人民共和国境内从事粮食的收购、销售、储存、运输、加工、进出口等经营活动（以下统称粮食经营活动），应当遵守本条例。

前款所称粮食，是指小麦、稻谷、玉米、杂粮及其成品粮。

第三条 国家鼓励多种所有制市场主体从事粮食经营活动，促进公平竞争。依法从事的粮食经营活动受国家法律保护。严禁以非法手段阻碍粮食自由流通。

国有粮食购销企业应当转变经营机制，提高市场竞争能力，在粮食流通中发挥主渠道作用，带头执行国家粮食政策。

第四条 粮食价格主要由市场供求形成。

国家加强粮食流通管理，增强对粮食市场的调控能力。

第五条 粮食经营活动应当遵循自愿、公平、诚实信用的原则，不得损害粮食生产者、消费者的合法权益，不得损害国家利益和社会公共利益。

第六条 国务院发展改革部门及国家粮食行政管理部门负责全国粮食的总量平衡、宏观调控和重要粮食品种的结构调整以及粮食流通的中长期规划；国家粮食行政管理部门负责粮食流通的行政管理、行业指导，监督有关粮食流通的法律、法规、政策及各项规章制度的执行。

国务院工商行政管理、产品质量监督、卫生、价格等部门在各自的职责范围内负责与粮食流通有关的工作。

省、自治区、直辖市人民政府在国家宏观调控下，按照粮食省长负责制的要求，负责本地区粮食的总量平衡和地方储备粮的管理。县级以上地方人民政府粮食行政管理部门负责本地区粮食流通的行政管理、行业指导；县级以上地方人民政府工商行政管理、产品质量监督、卫生、价格等部门在各自的职责范围内负责与粮食流通有关的工作。

第二章 粮食经营

第七条 粮食经营者，是指从事粮食收购、销售、储存、运输、加工、进出口等经营活动的法人、其他经济组织和个体工商户。

第八条 从事粮食收购活动的经营者，应当具备下列条件：

（一）具备经营资金筹措能力；

（二）拥有或者通过租借具有必要的粮食仓储设施；

（三）具备相应的粮食质量检验和保管能力。

前款规定的具体条件，由省、自治区、直辖市人民政府规定、公布。

第九条 取得粮食收购资格，并依照《中华人民共和国公司登记管理条例》等规定办理登记的经营者，方可从事粮食收购活动。

申请从事粮食收购活动，应当向办理工商登记的部门同级的粮食行政管理部门提交书面申请，并提供资金、仓储设施、质量检验和保管能力等证明材料。粮食行政管理部门应当自受理之日起15个工作日内完成审核，对符合本条例第八条规定具体条件的申请者作出许可决定并公示。

第十条 取得粮食行政管理部门粮食收购资格许可的，应当依法向工商行政管理部门办理设立登记，在经营范围中注明粮食收购；已在工商行政管理部门登记的，从事粮食收购活动也应当取得粮食行政管理部门的粮食收购资格许可，并依法向工商行政管理部门办理变更经营范围登记，在经营范围中注明粮食收购。

第十一条 依法从事粮食收购活动的粮食经营者(以下简称粮食收购者)，应当告知售粮者或者在收购场所公示粮食的品种、质量标准和收购价格。

第十二条 粮食收购者收购粮食，应当执行国家粮食质量标准，按质论价，不得损害农民和其他粮食生产者的利益；应当及时向售粮者支付售粮款，不得拖欠；不得接受任何组织或者个人的委托代扣、代缴任何税、费和其他款项。

第十三条 粮食收购者应当向收购地的县级人民政府粮食行政管理部门定期报告粮食收购数量等有关情况。

跨省收购粮食，应当向收购地和粮食收购者所在地的县级人民政府粮食行政管理部门定期报告粮食收购数量等有关情况。

第十四条 从事粮食销售、储存、运输、加工、进出口等经营活动的粮食经营者应当在工商行政管理部门登记。

第十五条 粮食经营者使用的粮食仓储设施，应当符合粮食储存有关标准和技术规范的要求。粮食不得与可能对粮食产生污染的有害物质混存，储存粮食不得使用国家禁止使用的化学药剂或者超量使用化学药剂。

第十六条 运输粮食应当严格执行国家粮食运输的技术规范，不得使用被污染的运输工具或者包装材料运输粮食。

第十七条 从事食用粮食加工的经营者，应当具有保证粮食质量和卫生必备的加工条件，不得有下列行为：

(一)使用发霉变质的原粮、副产品进行加工；

(二)违反规定使用添加剂；

(三)使用不符合质量、卫生标准的包装材料；

(四)影响粮食质量、卫生的其他行为。

第十八条 销售粮食应当严格执行国家有关粮食质量、卫生标准，不得短斤少两、掺杂使假、以次充好，不得囤积居奇、垄断或者操纵粮食价格、欺行霸市。

第十九条 建立粮食销售出库质量检验制度。粮食储存企业对超过正常储存年限的陈粮，在出库前应当经过有资质的粮食质量检验机构进行质量鉴定，凡已陈化变质、不符合食用卫生标准的粮食，严禁流入口粮市场。陈化粮购买资格由省级人民政府粮食行政管理部门会同工商行政管理部门认定。陈化粮判定标准，由国家粮食行政管理部门会同有关部门制定，陈化粮销售、处理和监管的具体办法，依照国家有关规定执行。

第二十条 从事粮食收购、加工、销售的经营者，必须保持必要的库存量。

必要时，由省、自治区、直辖市人民政府规定最低和最高库存量的具体标准。

第二十一条 国有和国有控股粮食企业应当积

极收购粮食，并做好政府委托的粮食收购和政策性用粮的购销工作，服从和服务于国家宏观调控。

第二十二条 对符合贷款条件的粮食收购者，银行应当按照国家有关规定及时提供收购贷款。中国农业发展银行应当保证中央和地方储备粮以及政府调控用粮和其他政策性用粮的信贷资金需要，对国有和国有控股的粮食购销企业、大型粮食产业化龙头企业和其他粮食购销企业，按企业的风险承受能力提供信贷资金支持。

第二十三条 所有从事粮食收购、销售、储存、加工的粮食经营者以及饲料、工业用粮企业，应当建立粮食经营台账，并向所在地的县级人民政府粮食行政管理部门报送粮食购进、销售、储存等基本数据和有关情况。粮食经营者保留粮食经营台账的期限不得少于3年。粮食经营者报送的基本数据和有关情况涉及商业秘密的，粮食行政管理部门负有保密义务。

国家粮食流通统计制度，由国家粮食行政管理部门制定，报国务院统计部门批准。

第二十四条 粮食行业协会以及中介组织应当加强行业自律，在维护粮食市场秩序方面发挥监督和协调作用。

第三章 宏观调控

第二十五条 国家采取储备粮吞吐、委托收购、粮食进出口等多种经济手段和价格干预等必要的行政手段，加强对粮食市场的调控，保持全国粮食供求总量基本平衡和价格基本稳定。

第二十六条 国家实行中央和地方分级粮食储备制度。粮食储备用于调节粮食供求，稳定粮食市场，以及应对重大自然灾害或者其他突发事件等情况。

政策性用粮的采购和销售，原则上通过粮食批发市场公开进行，也可以通过国家规定的其他方式进行。

第二十七条 国务院和地方人民政府建立健全粮食风险基金制度。粮食风险基金主要用于对种粮农民直接补贴、支持粮食储备、稳定粮食市场等。

国务院和地方人民政府财政部门负责粮食风险基金的监督管理，确保专款专用。

第二十八条 当粮食供求关系发生重大变化时，为保障市场供应、保护种粮农民利益，必要时可由国务院决定对短缺的重点粮食品种在粮食主产区实行最低收购价格。

当粮食价格显著上涨或者有可能显著上涨时，国务院和省、自治区、直辖市人民政府可以按照《中华人民共和国价格法》的规定，采取价格干预措施。

第二十九条 国务院发展改革部门及国家粮食行政管理部门会同农业、统计、产品质量监督等部门负责粮食市场供求形势的监测和预警分析，建立粮食供需抽查制度，发布粮食生产、消费、价格、质量等信息。

第三十条 国家鼓励粮食主产区和主销区以多种形式建立稳定的产销关系，鼓励建立产销一体化的粮食经营企业，发展订单农业，在执行最低收购价格时国家给予必要的经济优惠，并在粮食运输方面给予优先安排。

第三十一条 在重大自然灾害、重大疫情或者其他突发事件引起粮食市场供求异常波动时，国家实施粮食应急机制。

第三十二条 国家建立突发事件的粮食应急体系。国务院发展改革部门及国家粮食行政管理部门会同国务院有关部门制定全国的粮食应急预案，报请国务院批准。省、自治区、直辖市人民政府根据本地区的实际情况，制定本行政区域的粮食应急预案。

第三十三条 启动全国的粮食应急预案，由国务院发展改革部门及国家粮食行政管理部门提出建议，报国务院批准后实施。

启动省、自治区、直辖市的粮食应急预案，由省、自治区、直辖市发展改革部门及粮食行政管理部门提出建议，报本级人民政府决定，并向国务院报告。

第三十四条 粮食应急预案启动后，所有粮食经营者必须按国家要求承担应急任务，服从国家的统一安排和调度，保证应急工作的需要。

第四章 监督检查

第三十五条 粮食行政管理部门依照本条例对粮食经营者从事粮食收购、储存、运输活动和政策性用粮的购销活动，以及执行国家粮食流通统计制度的情况进行监督检查。

粮食行政管理部门应当根据国家要求对粮食收购资格进行核查。

粮食行政管理部门在监督检查过程中，可以进入粮食经营者经营场所检查粮食的库存量和收购、储存活动中的粮食质量以及原粮卫生；检查粮食仓储设施、设备是否符合国家技术规范；查阅粮食经营者有关资料、凭证；向有关单位和人员调查了解相关情况。

第三十六条 产品质量监督部门依照有关法律、行政法规的规定，对粮食加工过程中的以假充真、以次充好、掺杂使假等违法行为进行监督检查。

第三十七条 工商行政管理部门依照有关法律、行政法规的规定，对粮食经营活动中的无照经营、超范围经营以及粮食销售活动中的囤积居奇、欺行霸市、强买强卖、掺杂使假、以次充好等扰乱市场秩序和违法违规交易行为进行监督检查。

第三十八条 卫生部门依照有关法律、行政法规的规定，对粮食加工、销售中的卫生以及成品粮储存中的卫生进行监督检查。

第三十九条 价格主管部门依照有关法律、行政法规的规定，对粮食流通活动中的价格违法行为进行监督检查。

第四十条 任何单位和个人有权对违反本条例规定的行为向有关部门检举。有关部门应当为检举人保密，并依法及时处理。

第五章 法律责任

第四十一条 未经粮食行政管理部门许可或者未在工商行政管理部门登记擅自从事粮食收购活动的，由工商行政管理部门没收非法收购的粮食；情节严重的，并处非法收购粮食价值1倍以上5倍以下的罚款；构成犯罪的，依法追究刑事责任。

由粮食行政管理部门查出的，移交工商行政管理部门按照前款规定予以处罚。

第四十二条 以欺骗、贿赂等不正当手段取得粮食收购资格许可的，由粮食行政管理部门取消粮食收购资格，工商行政管理部门吊销营业执照，没收违法所得；构成犯罪的，依法追究刑事责任。

粮食行政管理部门工作人员办理粮食收购资格许可，索取或者收受他人财物或者谋取其他利益，构成犯罪的，依法追究刑事责任；尚不构成犯罪的，依法给予行政处分。

第四十三条 粮食收购者有未按照规定告知、公示粮食收购价格或者收购粮食压级压价，垄断或者操纵价格等价格违法行为的，由价格主管部门依照《中华人民共和国价格法》的有关规定给予行政处罚。

第四十四条 有下列情形之一的，由粮食行政管理部门责令改正，予以警告，可以处20万元以下的罚款；情节严重的，并由粮食行政管理部门暂停或者取消粮食收购资格：

（一）粮食收购者未执行国家粮食质量标准的；

（二）粮食收购者被售粮者举报未及时支付售粮款的；

（三）粮食收购者违反本条例规定代扣、代缴税、费和其他款项的；

（四）从事粮食收购、销售、储存、加工的粮食经营者以及饲料、工业用粮企业未建立粮食经营台账，或者未按照规定报送粮食基本数据和有关情况的；

（五）接受委托的粮食经营者从事政策性用粮的购销活动未执行国家有关政策的。

第四十五条 陈粮出库未按照本条例规定进行质量鉴定的，由粮食行政管理部门责令改正，给予警告；情节严重的，处出库粮食价值1倍以上5倍以下的罚款，工商行政管理部门可以吊销营业执照。

倒卖陈化粮或者不按照规定使用陈化粮的，由工商行政管理部门没收非法倒卖的粮食，并处非法倒卖粮食价值20%以下的罚款，有陈化粮购买资格的，由省级人民政府粮食行政管理部门取消陈化粮购买资格；情节严重的，由工商行政管理部门并处非法倒卖粮食价值1倍以上5倍以下的罚款，吊销营业执照；构成犯罪的，依法追究刑事责任。

第四十六条 从事粮食收购、加工、销售的经营者的粮食库存低于规定的最低库存量的，由粮食行政管理部门责令改正，给予警告；情节严重的，处不足部分粮食价值1倍以上5倍以下的罚款，并可以取消粮食收购资格，工商行政管理部门可以吊销营业执照。

从事粮食收购、加工、销售的经营者的粮食库存超出规定的最高库存量的，由粮食行政管理部门责令改正，给予警告；情节严重的，处超出部分粮食价值1倍以上5倍以下的罚款，并可以取消粮食收购资格，工商行政管理部门可以吊销营业执照。

第四十七条 粮食经营者未按照本条例规定使用粮食仓储设施、运输工具的，由粮食行政管理部门或者卫生部门责令改正，给予警告；被污染的粮食不得非法销售、加工。

第四十八条 违反本条例第十七条、第十八条规定的，由产品质量监督部门、工商行政管理部门、卫生部门等依照有关法律、行政法规的规定予以处罚。

第四十九条 财政部门未按照国家关于粮食风险基金管理的规定及时、足额拨付补贴资金，或者挤占、截留、挪用补贴资金的，由本级人民政府或者上级财政部门责令改正，对有关责任人员依法给予行政处分，构成犯罪的，依法追究有关责任人员的刑事责任。

第五十条 违反本条例规定，阻碍粮食自由流通的，依照《国务院关于禁止在市场经济活动中实行地区封锁的规定》予以处罚。

第五十一条 监督检查人员违反本条例规定，非法干预粮食经营者正常经营活动的，依法给予行政处分；构成犯罪的，依法追究刑事责任。

第六章 附 则

第五十二条 本条例下列用语的含义是：

粮食收购，是指为了销售、加工或者作为饲料、工业原料等直接向种粮农民或者其他粮食生产者批量购买粮食的活动。

粮食加工，是指通过处理将原粮转化成半成品粮、成品粮，或者将半成品粮转化成成品粮的经营活动。

第五十三条 大豆、油料和食用植物油的收购、销售、储存、运输、加工、进出口等经营活动，适用本条例除第八条、第九条、第十条以外的规定。

粮食进出口的管理，依照有关法律、行政法规的规定执行。

中央储备粮的管理，依照《中央储备粮管理条例》的规定执行。

第五十四条 本条例自公布之日起施行。1998年6月6日国务院发布的《粮食收购条例》，1998年8月5日国务院发布的《粮食购销违法行为处罚办法》同时废止。

中央储备粮代储资格认定办法

（国家发展和改革委员会、财政部令第20号 2004年10月8日）

第一章 总 则

第一条 为加强中央储备粮（含中央储备油和特种储备粮，下同）管理，规范中央储备粮代储行为，根据《中央储备粮管理条例》和国务院关于中央储备粮管理的有关规定，制定本办法。

第二条 在中华人民共和国境内从事与中央储备粮代储资格管理有关的行为，适用本办法。

本办法所称中央储备粮代储活动是指除中国储备粮管理总公司直属企业专门储存中央储备粮行为以外的其他储存行为。

第三条 申请承担中央储备粮代储业务的企业，按照本办法取得中央储备粮代储资格后，方可从事中央储备粮代储业务。但国务院另有规定或在情况紧急等特殊条件下，需要代储中央储备粮的除外。中央储备粮代储资格分中央储备粮粮食类代储资格和中央储备粮油脂类代储资格。

第四条 国家粮食行政管理部门负责全国中央储备粮代储资格的审核认定管理工作，省、自治区、直辖市人民政府粮食行政管理部门（以下简称省级粮食行政管理部门）负责中央储备粮代储资格的受理报批工作。省级粮食行政管理部门不得再委托其他组织实施中央储备粮代储资格的受理报批工作。中国储备粮管理总公司负责从取得代储资格的企业中择优选定中央储备粮代储企业。

地方各级粮食行政管理部门及中国储备粮管理总公司应积极协助国家粮食行政管理部门对代储企业进行监督检查。

第五条 中央储备粮代储资格的审核工作必须坚持公开、公正、公平、高效的原则。

第二章 资格条件

第六条 申请中央储备粮代储资格的企业应具备以下基本条件：

（一）具有独立法人资格。

（二）同一库区具有有效仓容2.5万吨（含2.5万吨）以上质量良好的仓房及其配套设施或者具有容量3000吨以上（含3000吨）质量良好的油罐、油库。仓房条件应符合国家粮油储藏技术规范对粮仓的要求。仓房位置及环境条件应符合国家粮食仓库建设标准。仓房应配备必要的防火、防盗、防洪设施。

（三）具有与粮食储存功能、仓型、进出粮方式、粮食品种、储粮周期等相适应的仓储设备条件。基本设备应符合国家粮油储藏技术规范对粮仓设备的要求，一般应具有粮油装卸、输送、清理、计量、储藏、防治、消防等设备。

（四）具有一定数量的专职粮食保管、防治、检验等管理技术人员，且经过专业培训，持有相应的从业资格证书。

（五）具有符合国家标准的检测粮油质量等级和储存品质必需的基本仪器设备和场所；具备检测粮油储存期间粮食温度、水分、害虫密度等条件，一般要具有粮情测控系统、机械通风系统和适合当地气候环境条件的其他保粮手段。

（六）有铁路专用线（专用码头）或公路，交通便利。

（七）经营管理和资信良好，两年内没有违反国家粮食政策法规的记录，没有发生储粮安全及其他安全生产事故。

（八）在提出申请的前两个年度内没有因经营或管理不善连续发生严重亏损。

被取消资格不满3年或者有伪造、涂改、转让资格证书行为的，不授予资格。

第七条 对于承担中央特种储备粮和按照中央储备粮布局要求确需定点的地方，审核机关可将第六条中有效仓容容量的要求降低到1万吨（含1万吨）进行资格审核认定。对于边防、海岛及其他特殊地区企业的核准条件，由国家粮食行政管理部门根据需要确定。

第三章 资格申请和审核

第八条 申请中央储备粮代储资格的企业，需向所在地省级粮食行政管理部门提出书面申请。申请材料包括：

（一）中央储备粮代储资格认定申请审核表；

（二）营业执照复印件；

（三）企业法定代表人以及粮食保管、防治、检验等技术人员基本情况和从业资格证明；

（四）当地粮食行政管理部门对其仓房条件、检测条件、粮仓设备条件等情况的认定资料；

（五）经审计部门或中介机构审核的企业资产负债表和损益表。

第九条 中央储备粮代储资格申请审核工作每年定期进行，具体时间由国家粮食行政管理部门公布。

省级粮食行政管理部门在收到申请企业书面申请材料后5个工作日内做出是否受理的意见，对于不予受理的，应向申请单位说明理由。

申请材料不齐全或者不符合法定形式的，应当在收到书面申请材料后5个工作日内一次告知申请企业需要补正的全部内容，逾期不告知的，自收到申请材料之日起即为受理。

能当场做出受理意见的，应当场书面告知申请单位。

第十条 省级粮食行政管理部门在同意受理之日15个工作日内，根据规定的资格条件，对上报材料的真实性、完整性提出书面意见。书面意见按要求报国家粮食行政管理部门审核。

第十一条 国家粮食行政管理部门在20个工作日内完成审核，对审核合格的企业发文公布并颁发中央储备粮代储资格证书。对于不符合资格条件的企业，做出不予认定的书面决定并说明理由。

第十二条 中央储备粮代储资格证书有效期为5年，有效期满前30个工作日内须按本办法规定的程序提出延续申请。

取得资格但3年内未承储中央储备粮的企业，再承担中央储备粮代储业务时，须按本办法规定程序重新进行资格认定。

第十三条 中央储备粮代储资格证书由国家粮食行政管理部门统一印制，任何单位和个人不得伪造、涂改或转让。

第四章 监督检查与管理

第十四条 国家粮食行政管理部门依法对取得代储资格的企业和中国储备粮管理总公司选定承储中央储备粮代储企业的情况随时进行监督检查。

第十五条 中国储备粮管理总公司根据中央储备粮规模和总体布局方案，从取得中央储备粮代储资格的企业中，择优选定承储中央储备粮的代储企业。

第十六条 中国储备粮管理总公司确定代储企业后15个工作日内将有关情况报国家粮食行政管理部门、国务院财政部门和中国农业发展银行备案，并抄送代储企业所在地省级粮食行政管理部门和中国农业发展银行省级分行。

第十七条 中国储备粮管理总公司安排给代储企业储存的中央储备粮指标数量不能超过获得资格的仓容容量。

第十八条 中国储备粮管理总公司应定期检查承储中央储备粮的代储企业的储存行为，并及时向国家粮食行政管理部门报告。

第十九条 省级粮食行政管理部门应掌握取得中央储备粮代储资格企业的资格变化情况，并及时向国家粮食行政管理部门报告。

第五章 罚 则

第二十条 代储企业有下列行为之一的，由国家粮食行政管理部门责成中国储备粮管理总公司对其限期改正：

（一）中央储备粮储存安全存在隐患；

（二）未按中央储备粮管理机构的有关规定填报统计报表；

（三）储存中央储备粮不符合质量等级和国家标准要求。

第二十一条 代储企业有下列行为之一的，由国家粮食行政管理部门责成中国储备粮管理总公司对其限期改正，并报告国家粮食行政管理部门，记入中央储备粮代储企业管理档案。情节严重或限期改正后仍不合格的，由国家粮食行政管理部门取消其代储资格，并由中国储备粮管理总公司负责调出其承储的中央储备粮：

（一）违反本办法第二十条规定，情节严重的；

（二）发现中央储备粮的数量、质量和储藏安全等方面的问题不及时处理，发生重大问题不及时报告的；

（三）拒绝、阻挠、干涉国家粮食行政管理部门、国务院财政部门、审计机关的监督检查人员依法履行职责的；

（四）对中央储备粮未实行专仓储存、专人保管、专账记载，中央储备粮账账不符、账实不符；

（五）代储企业提供虚假材料骗取中央储备粮代储资格；

（六）违反本办法第十三条规定，有伪造、涂改、转让资格认定证书行为的；

（七）代储企业发生变化，不能继续满足本办法规定条件。

第二十二条 代储企业有下列行为之一的，由国家粮食行政管理部门取消其代储资格，并由中国储备粮管理总公司负责调出其承储的中央储备粮：

（一）因工作失职或管理不善发生粮食霉变、陈化、油脂酸败、盗窃、火灾等事故，造成经济损失1万元（含1万元）以上；

（二）在中央储备粮中掺杂掺假、以次充好；

（三）挤占挪用中央储备粮贷款、套取中央储备粮差价、虚报冒领中央储备粮费用补贴的行为；

（四）擅自动用中央储备粮，虚报、瞒报中央储备粮数量；

（五）以中央储备粮对外进行担保或者清偿债务；

（六）擅自串换中央储备粮品种、变更中央储备粮储存地点或者转手委托其他单位代储；

（七）拒不执行或者擅自改变中央储备粮收购、储存、销售、轮换计划和动用命令。

第二十三条 国家粮食行政管理部门和省级粮食行政管理部门从事资格审查和管理的工作人员违反本办法规定，给予不具备代储条件的企业中央储备粮代储资格，或者发现中央储备粮代储企业不再具备代储条件而不及时取消其代储资格，以及其他行为给中央储备粮代储资格管理工作造成损失的，依据《中央储备粮管理条例》和国家有关法律法规给予警告直至撤职的行政处分；情节严重的，给予降级直至开除的行政处分；构成犯罪的，依法追究刑事责任。

第二十四条 中国储备粮管理总公司及其分支机构违反本办法规定，选择未取得中央储备粮代储资格的企业承储中央储备粮，或者其他行为给中央储备粮代储资格管理工作造成损失的，由国家粮食行政管理部门责令改正；对直接负责的主管人员和其他直接责任人员，责成中国储备粮管理总公司给予警告直至撤职的纪律处分；情节严重的，对直接负责的主管人员和其他直接责任人员给予降级直至开除的纪律处分；构成犯罪的，依法追究刑事责任。

第二十五条 代储企业违反本办法规定造成损失的，对直接负责的主管人员给予警告直至开除的纪律处分；构成犯罪的，依法追究刑事责任。

第二十六条 属于价格违法行为的，由价格主管部门依照有关规定予以处罚。

第六章 附　则

第二十七条 本办法实施前已经承储中央储备粮的企业，必须在本办法实施后六个月内向审核机关申请中央储备粮代储资格。未获得资格的，不得再承储中央储备粮。

第二十八条 地方储备粮的承储（代储）资格认定办法，由省级粮食行政管理部门会同有关部门参照本办法制定，并抄送国家粮食行政管理部门备案。

第二十九条 本办法自2004年12月1日起施行。原国家粮食储备局发布的《中央储备粮承储资格审核办法》（试行）（国粮仓储[1999]261号）同时废止。

第三十条 本办法由国家发展改革委、财政部、国家粮食局负责解释。

粮食流通监督检查暂行办法

（国家发展和改革委员会、国家粮食局、财政部、卫生部
国家工商行政管理总局、国家质量监督检验检疫总局
国粮检[2004]230号 2004年11月16日）

为贯彻落实《粮食流通管理条例》（国务院令第407号）和《国务院关于进一步深化粮食流通体制改革的意见》（国发[2004]17号）精神，依法做好粮食流通监督检查工作，规范和指导粮食流通监督管理，维护粮食流通秩序，保护粮食生产者的积极性，维护经营者、消费者的合法权益，制定了《粮食流通监督检查暂行办法》。

第一章 总　则

第一条 为规范和指导粮食流通监督管理，维护粮食流通秩序，保护粮食生产者的积极性，维护经营者、消费者的合法权益，根据有关法律、《粮食流通管理条例》以及有关行政法规，制定本办法。

第二条 本办法适用于在中华人民共和国境内对从事粮食的收购、销售、储存、运输、加工等经营活动（以下统称粮食经营活动）的监督检查。

第三条 粮食流通监督检查实行国家各有关部门分工负责制和中央与地方分级负责制。

国家粮食行政管理部门对有关粮食流通的法律、法规、政策及各项规章制度的执行情况进行监督，负责粮食流通监督检查的行政管理和行业指导。省级粮食行政管理部门负责辖区内粮食流通监督检查的行政管理和行业指导。地方各级粮食行政管理部门在本辖区内依法履行监督检查职责，执行上级粮食行政管理部门下达的粮食流通监督检查任务。

工商行政管理、质量监督、卫生、价格、财政等部门在各自的职责范围内负责与粮食流通监督检查有关的工作。

各级粮食流通监督检查有关部门要建立监督检查工作协调机制，加强工作配合和信息交流。

第四条 各级粮食行政管理部门要切实加强粮食流通监督检查制度的建设，充实加强监督检查人员队伍。

从事粮食流通监督检查工作的人员，应当具有法律和相关业务知识，并定期接受培训和考核。

第五条 粮食流通监督检查实行持证检查制度。粮食行政管理部门的监督检查人员在执行任务时要出示《粮食监督检查证》。《粮食监督检查证》由国家粮食行政管理部门统一监制，由省级以上粮食行政管理部门对监督检查人员进行培训，经考核合格后核发。其他部门在执行粮食监督检查任务时，也要出示有法定效力的监督检查证。

第六条 对粮食经营者违规行为的罚没收入应纳入预算管理并根据《罚没财物和追回赃款赃物管理办法》（[86]财预228号）、行政事业性收费和

罚没收入"收支两条线"管理规定及财政国库管理制度改革的有关要求上缴国库。任何单位和个人不得挤占、截留、挪用。粮食流通监督检查所需经费按有关规定和程序申请、管理和使用。

第二章 监督检查的内容

第七条 粮食行政管理部门依照法律、行政法规规定的职责，对粮食经营活动进行监督检查。内容包括：

（一）粮食收购者是否具备粮食收购资格，在其从事的粮食收购活动中是否执行了国家有关法律、法规、规章及粮食收购政策。

（二）粮食经营者使用的粮食仓储设施、设备是否符合有关标准和技术规范。

（三）粮食经营者在粮食收购、储存活动中，是否按规定执行了国家粮食质量标准和国家有关粮食仓储的技术标准和规范，其收购、储存的原粮是否符合国家有关标准和规定。

（四）粮食经营者是否执行了国家粮食运输的技术标准和规范。

（五）粮食储存企业是否建立并执行了粮食销售出库质量检验制度。

（六）从事粮食收购、加工、销售的经营者是否执行了省级人民政府制定的最低和最高库存量的规定。

（七）粮食经营者是否执行了国家陈化粮销售处理有关规定。

（八）地方储备粮经营管理机构及地方储备粮承储企业是否执行地方储备粮管理有关政策和规定；地方储备粮的数量、质量、储存安全以及轮换计划执行情况，各项规章制度、标准与规范执行情况，以及地方储备粮承储企业的承储资格情况。

（九）从事军粮供应、退耕还林粮食供应、水库移民粮食供应、救灾粮供应等政策性用粮经营活动的粮食经营者是否执行了有关法律、法规、规章和政策。

（十）粮食经营者是否建立了粮食经营台账，是否执行了国家粮食流通统计制度。

（十一）粮食经营者是否依照粮食应急预案规定，承担了相应义务，执行了相关规定。

（十二）法律、法规、规章和政策规定需要进行监督检查的其他内容。

第八条 产品质量监督部门依照有关法律、行政法规的规定，对粮食加工活动中掺杂、掺假、以假充真、以次充好、以不合格产品冒充合格产品、无食品生产许可证进行加工销售等违法行为进行查处。并负责对粮食加工环节中的产品质量进行监督检查。

承担粮食质量监督检验的机构应依照《中华人民共和国产品质量法》等法律、行政法规的有关规定，依法设置并取得授权。承担粮食质量检验鉴定的机构应依照《中华人民共和国认证认可条例》的有关规定，在取得国家认证认可监督管理部门资质认定的基础上，由国家粮食行政管理部门指定。

第九条 工商行政管理部门依照有关法律、行政法规的规定，对粮食经营活动中的无照经营、超范围经营以及粮食销售活动中的囤积居奇、欺行霸市、强买强卖、掺杂使假、以次充好等扰乱市场秩序和违法违规交易行为进行查处。

第十条 卫生部门依照有关法律、行政法规的规定，负责粮食加工、销售单位的卫生许可及与许可相关的监督检查，对成品粮储存中造成腐败变质、被有毒有害物质污染、使用未经批准使用的食品添加剂或添加剂超过允许限量等危害群众健康的行为进行监督检查。

第十一条 价格主管部门依照有关法律、行政法规的规定，对粮食经营者未按照规定告知、公示粮食收购价格，或采取压级压价，哄抬价格、价格欺诈、垄断或者操纵价格，或不按照规定执行最低收购价，不执行价格干预措施和紧急措施等价格违法行为进行监督检查。

第十二条 上级监督检查部门依法对下级部门的监督检查行为进行监督。

第十三条 任何单位和个人有权对违反本办法规定的行为向有关部门检举。有关部门应当为检举人保密，并依法及时处理。

第三章 监督检查的工作程序

第十四条 粮食流通监督检查可以采取定期监督检查、专项监督检查、抽查和专案调查等方式进行。

第十五条 粮食流通监督检查按下列程序进行：

（一）确定监督检查的对象、内容和工作方案。

（二）组织实施监督检查。

（三）提出监督检查报告，内容应包括：被检查对象名称、检查日期、检查的原因、项目、发现的主要问题、处理意见等。

（四）发现违法行为，应立案，依照规定程序组织调查。

（五）对违反粮食流通法律、法规、规章和政策的粮食经营者依法提出处理意见、建议或处罚决定。需要移交的，依照职能分工移交有关司法机关、部门、单位处理。

（六）将监督检查结果、处理意见或建议通知被检查对象；需要进行处罚的，执行处罚决定；被检查对象对监督检查结果或处理意见有异议的，可依法申请行政复议或依法向人民法院提起诉讼，但行政处罚不停止执行，法律另有规定的除外。

（七）跟踪监督处理意见、建议、决定的执行情况。

（八）将监督检查报告及相关资料归档。

第十六条 粮食行政管理部门在监督检查过程中，可以行使以下职权：

（一）对粮食收购者的收购资格进行核查。

（二）进入粮食经营者经营场所检查粮食的库存量和收购、储存活动中的粮食质量以及原粮卫生。

（三）检查粮食仓储设施、设备是否符合国家有关标准和技术规范。

（四）查阅粮食经营者有关资料、凭证。

（五）向有关单位和人员调查了解相关情况。

（六）法律、法规规定的其他职权。

第十七条 粮食流通监督检查人员在履行监督检查职责时，应不少于两人，对发现的问题应当做出书面记录，并由监督检查人员和被检查对象签字或盖章。被检查对象拒绝签字或盖章的，监督检查人员应当将其拒绝签字或盖章的行为和理由记录备查；被检查对象不在场的，由见证人签字或盖章。

粮食流通监督检查人员在履行监督检查职责时应严格遵守国家有关法律法规，促进粮食经营者的正常经营活动。

第十八条 被检查对象对粮食流通监督检查人员依法履行职责，应当予以配合。任何单位和个人不得拒绝、阻挠、干涉粮食流通监督检查人员依法履行监督检查职责。

第四章 罚　则

第十九条 按规定应获得粮食行政管理部门许可而未获得许可或者未在工商行政管理部门登记擅自从事粮食收购活动的，由工商行政管理部门没收非法收购的粮食；情节严重的，并处非法收购粮食价值1倍以上5倍以下的罚款；构成犯罪的，依法追究刑事责任。

由粮食行政管理部门查出的，移交工商行政管理部门依照前款规定予以处罚。

第二十条 以欺骗、贿赂等不正当手段取得粮食收购资格许可的，由粮食行政管理部门取消粮食收购资格；工商行政管理部门依法吊销营业执照，没收违法所得；构成犯罪的，依法追究刑事责任。

粮食收购者有涂改、倒卖、出租、出借《粮食收购许可证》行为的，粮食行政管理部门应当依法给予行政处罚；构成犯罪的，依法追究刑事责任。

粮食行政管理部门工作人员办理粮食收购资格许可，索取或者收受他人财物或者谋取其他利益，依法给予行政处分；构成犯罪的，依法追究刑事责任。

第二十一条 对粮食流通中的价格违法行为，由价格主管部门依照有关法律、行政法规的规定给予处罚。

第二十二条 粮食收购者未执行国家粮食质量标准的，由粮食行政管理部门责令改正，予以警告；警告后仍不改正，并造成农民或其他粮食生产者的利益受到损害的，可以处10万元以下的罚款；违规数量较大的，可处10万元以上20万元以下罚款。情节严重的，由粮食行政管理部门取消粮食收购资格。

第二十三条 粮食收购者未及时向售粮者支付售粮款，经售粮者举报并查实的，由粮食行政管理部门责令改正，予以警告；欠付1个月以上2个月以下的，可以并处5万元以下的罚款；欠付2个月以上3个月以下的，可以并处5万元以上10万元以下的罚款；欠付3个月以上的，可以并处10万元以上20万元以下的罚款。情节严重的，并暂停或取消粮食收购资格。

第二十四条 粮食收购者违反规定代扣、代缴税、费和其他款项的，由粮食行政管理部门责令改正，予以警告，可以并处20万元以下的罚款。情节严重的，并由粮食行政管理部门暂停或取消粮食收购资格。

第二十五条 从事粮食收购、销售、储存、加工的经营者以及饲料、工业用粮企业有下列情形的，由粮食行政管理部门给予相应处罚：

（一）未建立粮食经营台账或粮食经营台账保留时间不足3年的，由粮食行政管理部门责令改正，予以警告，可以并处5万元以下的罚款。

（二）未依照规定报送粮食经营基本数据和有关情况的，由粮食行政管理部门责令改正，予以警告，可以并处2万元以下的罚款；蓄意虚报、瞒报、拒报粮食基本数据和有关情况、弄虚作假的，由粮食行政管理部门处2万元以上5万元以下的罚款。

上述行为情节严重的，对从事粮食收购的经营者暂停或者取消粮食收购资格。

第二十六条 接受委托从事政策性用粮购销活动的粮食经营者未执行国家有关政策的，由粮食行政管理部门责令改正，予以警告，可以处20万元以下的罚款；情节严重的，由粮食行政管理部门向委托单位建议取消该粮食经营者从事政策性用粮的委托业务，对从事粮食收购的经营者暂停或者取消粮食收购资格。

第二十七条 对超过正常储存年限的陈粮，出库前未按规定经有资质的粮食质量检验机构进行质量鉴定的，由粮食行政管理部门责令改正，给予警告；经警告仍不改正的，处出库粮食价值1倍以上2倍以下的罚款；发现出库未经检验的粮食中有陈化粮的，处出库粮食价值2倍以上3倍以下的罚款；明知是陈化粮仍未按陈化粮销售处理有关规定出库的，处出库粮食价值3倍以上5倍以下的罚款。对粮食经营者罚款的同时，工商行政管理部门可以吊销营业执照。

倒卖陈化粮或者不依照规定使用陈化粮的，由工商行政管理部门没收非法倒卖的粮食，并处非法倒卖粮食价值20%以下的罚款，有陈化粮购买资格的，由省级人民政府粮食行政管理部门取消陈化粮购买资格；情节严重的，由工商行政管理部门并处非法倒卖粮食价值1倍以上5倍以下的罚款，吊销营业执照；构成犯罪的，依法追究刑事责任。

第二十八条 粮食经营者违反省、自治区、直辖市人民政府规定的最低库存量的，由粮食行政管理部门责令改正，给予警告。情节严重的，处不足部分粮食价值1倍以上5倍以下的罚款，并可以取消粮食收购资格，工商行政管理部门可以吊销营业执照。

粮食经营者违反省、自治区、直辖市人民政府规定的最高粮食库存量的，由粮食行政管理部门责令改正，给予警告。情节严重的，处超出部分粮食价值1倍以上5倍以下的罚款，并可以取消粮食收购资格，工商行政管理部门可以吊销营业执照。

第二十九条 粮食经营者未依照《粮食流通管理条例》规定使用粮食仓储设施、运输工具的，由粮食行政管理部门或者卫生部门责令改正，给予警告；被污染的粮食不得非法加工、销售。非法销售、加工被污染粮食的，由有关部门依法查处。

第三十条 违反《粮食流通管理条例》第十七条、第十八条规定的，由产品质量监督部门、工商行政管理部门、卫生部门等依照有关法律、行政法规的规定予以处罚。

第三十一条 发现监督检查部门有违反粮食流通法律、法规、规章以及政策规定的，由本级人民政府或者上级主管部门责令改正，对有关责任人员依法给予行政处分；构成犯罪的，依法追究刑事责任。监督检查人员违反本办法规定，非法干预粮食经营者正常经营活动的，依法给予行政处分；构成犯罪的，依法追究刑事责任。

第三十二条 违反《粮食流通管理条例》规定，阻碍粮食自由流通的，依照《国务院关于禁止在市场经济活动中实行地区封锁的规定》予以处罚。

第三十三条 粮食经营者在粮食应急预案启动后不履行有关义务的，依照国家有关规定处理。

第五章 附　则

第三十四条 本办法中涉及"以上"的含本数、涉及"以下"的不含本数。涉及粮食价值的，已达成交易的按交易价计算，其他按库存成本价计算。

第三十五条 对大豆、油料和食用植物油的收购、销售、储存、运输、加工等经营活动的监督检查，适用本办法除第十九条、第二十条以外的规定。

第三十六条 粮食正常储存年限依照国家统一规定执行。

第三十七条 粮食进出口的监督检查，依照有关法律、行政法规的规定执行。

第三十八条 对中央储备粮的监督检查，依照《中央储备粮管理条例》的有关规定执行。

第三十九条 省、自治区、直辖市粮食流通监督检查有关部门可依照本办法，结合本地实际情况制定本办法的实施细则，并报上级主管部门备案。

第四十条 对监督检查中模范执行国家粮食法律、法规、政策，做出突出成绩的执法单位或个人给予表扬或表彰。

第四十一条 本办法由国家粮食行政管理部门会同国家工商行政管理、质检、卫生、价格、财政部门负责解释。

第四十二条 本办法自2005年1月1日起施行。

关于切实加强粮食统计工作的通知

（国家发展和改革委员会、国家粮食局、国家统计局
国粮调[2004]19号 2004年2月6日）

在完善社会主义市场经济体制的过程中，随着粮食供求形势的变化和流通体制市场化改革的不断深入，国家对粮食统计工作提出了更高的要求。为贯彻落实国务院领导同志的指示精神，进一步做好新形势下的粮食统计工作，为国家粮食宏观调控提供准确、全面的决策依据，现就加强粮食统计工作的有关事项通知如下：

一、各级发展改革、粮食、统计部门都要高度重视粮食统计工作，加强对粮食统计工作的领导

粮食统计工作是做好粮食供需平衡、保证国家粮食安全的一项基础性工作，在深化粮食流通体制改革过程中，此项工作只能加强，不能削弱。各级发展改革、粮食、统计部门一定要本着对党和人民高度负责的态度，充分认识粮食统计工作的重要性。各级发展改革部门要高度重视、认真研究粮食产销平衡等重大问题，积极支持和配合粮食、统计部门做好粮食统计工作。各级粮食部门要认真贯彻落实《统计法》、《统计法实施细则》和《全国粮食油脂统计制度》的各项规定，确保统计数据真实、准确，努力提高统计服务水平。各级统计部门要加强对粮食统计的业务指导，本着相互配合、资源共享的原则积极支持粮食部门开展粮食统计工作。

二、稳定粮食统计队伍，改善统计工作环境

（一）省、市两级粮食行政管理部门要在粮食宏观调控管理机构中设置专职统计人员，县级粮食行政管理部门和粮食企业要在有关机构中设置专职或兼职统计人员，并指定统计负责人。统计人员和统计负责人应具备一定的统计理论知识，精通粮食统计业务，具有较强的法制观念和工作责任心。

（二）各级粮食行政管理部门和粮食企业要加强对统计人员的专业培训，组织专业学习。统计人员在上岗前必须参加有关部门组织的上岗培训，并取得上岗资格证书。有关单位应根据需要设置统计专业职务岗位，做好统计人员专业技术职务的考试、评定和聘任工作。对在统计工作中做出突出成绩和贡献的统计人员或者集体，由本单位或报上级单位给予表彰或奖励。

（三）各级粮食行政管理部门应逐步建立健全统计人员和统计负责人的逐级备案制度。统计人员的调动，应当征求本部门、本单位统计负责人的意见，其中具有中级以上统计专业职务的人员调动，应当征得上级粮食行政管理部门的同意。统计负责人的调动，应当征求上级粮食行政管理部门和所在地人民政府统计机构的意见。

（四）各级粮食行政管理部门和粮食企业要为统计人员开展工作提供必要的条件。一是要在统计信息化建设方面加大投入，全面推进省、市、县三级粮食行政管理部门统计信息网络建设和应用系统开发，提高统计工作的效率和水平。二是要吸收和组织统计人员参与本部门、本单位有关政策、计划的讨论，参加相关问题的会议，发挥统计服务和监督作用。三是要解决经批准的统计调查和日常统计工作所需的经费。

三、在做好粮食常规统计工作的同时，探索建立覆盖全社会的粮食统计体系，加快粮食安全监测预警体系的建设

（一）做好粮食定期统计工作。各地粮食部门要严格执行国家粮食统计制度，做好各项粮食流通统计报表，特别是要遵照国务院领导的指示精神，充分认识粮食统计旬报工作的重要性和必要性，确保上报数据真实、准确、全面、及时。

（二）做好社会粮食供需平衡调查工作，研究建立覆盖全社会的粮食统计体系。各地粮食部门要切实履行好行业统计工作的职责，按照《国家粮食局关于开展2003年社会粮食供需平衡统计调查的通知》（国粮调[2003]204号）的要求，积极做好粮食加工、转化和经营企业的购销存以及社会粮食需求的抽样调查工作。不断积累经验，研究建立覆盖全社会的粮食统计体系。各级发展改革部门对社会粮食供需平衡调查工作要大力支持，密切配合。各级统计部门要积极参与，给予业务指导，协助粮食部门搞好调查工作。

（三）做好粮食供求监测工作，积极探索建立粮食安全预警体系。各地发展改革和粮食部门要有效监测和控制因自然灾害或突发事件等特殊情况而引起的粮食市场异常波动，确保粮食市场供应，保持粮食市场价格基本稳定。为此，各地应尽快建立和完善粮食信息监测预警系统，汇总和分析粮食市场日常监测数据，掌握市场动态，跟踪研究情况，分析判断长远发展趋势，提出综合对策。

粮食统计工作任务艰巨，责任重大。广大粮食统计人员要把实事求是作为工作准则，恪守职业道德，认真履行各项统计职责，不断提高统计数据的准确性、科学性、及时性，切实做好粮食统计工作。

后 记

《2004 中国粮食发展报告》出版后，在社会上受到普遍关注，得到了有关部门及社会各界的一致肯定。为了及时、准确地反映我国2004年粮食发展状况，《2005中国粮食发展报告》(以下简称《报告》) 编写出版工作比去年提前5个月完成，并针对2004年粮食发展的特点，在报告中增设了部分专栏予以专题介绍。本《报告》(包括附表) 所有统计资料和数据均未包括香港、澳门特别行政区和台湾省。

《报告》在编写过程中得到了国家粮食局、国家发展改革委、农业部、国家统计局等有关部门的大力支持，参加《报告》编写工作的单位有：国家粮食局办公室、人事司、外事司、政策法规司、调控司、监督检查司、行政管理司、军粮供应中心、粮油信息中心、标准质量中心、发展交流中心、中国粮食经济杂志社，中国粮食行业协会，中国植物油协会，中国杂粮协会，国家发展改革委经贸司、价格司，农业部种植业管理司，国家统计局综合司、农调总队、城调总队等。

在此，谨向在《报告》编写过程中给予大力支持的领导、专家和同志们表示衷心的感谢！由于《报告》尚处初创时期，在内容和形式上都难免存在不够完善之处，敬请读者批评指正。

中国粮食研究培训中心
《2005 中国粮食发展报告》编写组
2005 年 7 月 1 日